AMRA

Christel Alisha van der Walle

Hawaii – ein Hauch von Lemurien

Rückkehr zu den Wurzeln der Liebe

AMRA

Brandheiße Infos finden Sie regelmäßig auf:
www.facebook.com/AMRAVerlag

Besuchen Sie uns im Internet:
www.AmraVerlag.de

Eine Originalausgabe im AMRA Verlag
Auf der Reitbahn 8, D-63452 Hanau
Telefon: + 49 (0) 61 81 – 18 93 92
Kontakt: Info@AmraVerlag.de

Herausgeber & Lektor	Michael Nagula
Redaktionelle Bearbeitung	Silke Schütze
Einbandgestaltung	Torge Niemann
Satz & Layout	Birgit Letsch
Druck	Clausen & Bosse

Für den Einband wurde das Bild »Dolphin in the Tropics« von Elenarts verwendet, fotolia.com #67555787.

ISBN Printausgabe 978-3-95447-040-2
ISBN eBook 978-3-95447-098-3

Inhalt

Vorwort

Ich kenne Christel schon sehr lange. Ihre Seele und meine Seele sind uralte Freunde. Ich schätze ihre liebevolle, wahrhaftige und aufrichtige Art und ihre Verbundenheit mit den Welten innerlich und äußerlich. Ich durfte ihr Wirken in Klang, Wort und Energie schon persönlich erleben. Altes Wissen ist in ihr lebendig.

In diesem Buch nimmt sie uns mit auf eine abenteuerliche Reise in die verschiedenen Ebenen und Dimensionen und das lebendige Feld von Hawaii, das uns in Berührung bringt mit dem alten lemurischen Wissen unserer Seele. Sie schenkt uns so einen tieferen Einblick und ermöglicht uns Erkenntnisse, Einsichten und eine neue Art des Reisens, gibt uns einen frischen Blick auf das multidimensionale Daseinsfeld. Einiges kann ich durch meine eigenen Hawaii-Erfahrungen bestätigen, anderes war neu für mich.

Auch die Übungen sind gut und leicht anzuwenden und können augenblicklich umgesetzt werden.

Mahalo von Herzen für diesen großartigen und herzöffnenden Blick auf Hawaii und das lebendige Feld der über alles geliebten Erde. Lasst uns damit beginnen, unsere Realität in einem Feld unbegrenzter Möglichkeiten neu und besser zu wählen und zu gestalten!

ALOHA NUI LOA
Jeanne Ruland

Einleitung

Schon vor der Jahrtausendwende erhielt ich immer wieder deutliche Hinweise darauf, dass ich unbedingt nach Hawaii reisen sollte. Jedes Mal, wenn ich an Hawaii dachte oder damit konfrontiert wurde, überkam mich eine tiefe Sehnsucht.

Damals war mir noch nicht bewusst, dass die Hawaii-Inseln ein wichtiger Teil der lange in Vergessenheit geratenen Epoche Lemuriens sind; zumal ich mich über lange Zeit hinweg sogar vehement gegen meine Erinnerung an Lemurien wehrte. Wer erinnert sich schon gern an den Urschmerz, den wir seit Anbeginn der Zeit in uns tragen? Doch genau dorthin, wo sich Verweigerung und Angst breitmachen, führt der Weg der Heilung.

So folgte ich manchmal freiwillig, doch oftmals auch etwas zögerlich, den vielen Impulsen und erinnerte mich Stück für Stück an meine lemurischen Wurzeln. Ein Teil meiner Aufgabe bestand seinerzeit darin, als lemurische Priesterin mit den Walen und Delfinen über Töne und Klänge zu kommunizieren, um so ein bestimmtes Energieniveau zu halten. Viele Menschen baten damals um Unterstützung, um ihre eigenen Schwingungen und Frequenzfelder wieder ins Gleichgewicht zu bringen.

Nun war der Ruf, zu den lemurischen Wurzeln zurückzukehren, so stark geworden, dass er einfach in die Tat umgesetzt werden musste, ob die Zeit es zuließ oder nicht.

Nachdem diese Entscheidung getroffen war, ging alles ganz schnell und leicht von der Hand. Mit meinen neuen Erinnerungen an Lemurien und einigen Erwartungen an die Hawaii-Inseln konnte die Reise beginnen.

Das Buch beginnt ...

Ruf der Wale

Die Sonne strahlte am 8. März über Frankfurt, einem Tag, der versprach, sehr schön zu werden. Der Morgen verging wie im Flug, selbst das Taxi erschien pünktlich auf die Minute. Jetzt fühlte es sich für mich selbstverständlich an, dass ich diese Reise mit all ihren Herausforderungen und Erlebnissen intuitiv und spielend meistern und die geistige Welt mir jederzeit unterstützend zur Seite stehen würde. Mit diesem Urvertrauen konnte mein Abenteuer beginnen.

Das Taxi stand nur ganz kurz an der Bahnschranke, die ansonsten immer für lange Autoschlangen sorgt. Beim Check-in und während der Sicherheitskontrolle war ich, nach den vielen Vorwarnungen, wie dramatisch und intensiv diese Sicherheitskontrollen ablaufen sollten, mehr als angenehm überrascht, wie leicht es doch war. Nun stellte sich mir die Frage, woher diese Panikgeschichten überhaupt kamen. Womöglich lag es einfach daran, dass jeder Mensch sich durch die Summe seiner Gedanken sein Umfeld erschafft.

Das Flugzeug startete um 14 Uhr. Der Flug war wie jeder elfstündige Flug etwas anstrengend und der Service der amerikanischen Fluggesellschaft etwas dürftig, um nicht zu sagen, ziemlich schlecht. Kurz vor dem Landeanflug auf San Francisco steuerten wir direkt in ein Gewitter mit sehr starken Turbulenzen. Das Flugzeug wurde heftig durchgeschüttelt, mit einem erschütternden Knall schlug der Blitz genau vor mir in die Tragfläche des Flugzeuges ein. Diese Wucht des aufprallenden Blitzes so hautnah zu erleben und die einströmende magnetische Energie wahrzunehmen, war nichts für zartfühlende Gemüter.

Bei der Ankunft am 8. März um 16.30 Uhr in San Francisco war die starke Präsenz und Machtstruktur des Staates sehr deutlich und penetrant spürbar. Kaum verwunderlich, dass diese unangenehme Energie auf Erden sich in der Luft in Form von extremen Turbulenzen zeigte. Nun erinnerte ich mich wieder daran, warum ich es in den letzten Jahren vermieden hatte, in die USA zu reisen. Der barsche Ton der Beamten, die vielen einschüchternden Fragen, die Fotos im grellen Neonlicht, um dann die Fingerabdrücke zu nehmen. Das war eine harte Landung auf dem Boden der amerikanischen Tatsachen. Doch es gab auch einen Lichtblick: San Francisco diente lediglich als Zwischenstation, um nach Hawaii zu gelangen. Nach den ersten Schwierigkeiten, mich auf diesem großen Flughafen zu orientieren und herauszufinden, welcher Shuttle in mein Hotel fuhr, war ich, endlich dort angekommen, heilfroh über ein annehmbares Zimmer im Holiday Inn und über die durchaus bequemen Betten.

Ich war hundemüde nach diesem anstrengenden Flug. Langsam stellte ich mich auf die Zeitumstellung von acht Stunden ein und freute mich auf einen erholsamen Schlaf. Doch der Ruf Hawaiis und der Wale wurde so intensiv, dass ab zwei

Uhr morgens an Schlaf nicht mehr zu denken war. Auch hatten sich in dieser Nacht Wesen vom Ashtar-Kommando eingefunden, um ihre Präsenz auf dieser Reise zu demonstrieren *(Adonai Ashtar Sheran ist der Hüter der Universen und für den Frieden und die Ordnung in der Jetztzeit zuständig).*

So erhielt ich weitere Botschaften für die Reise. Eingehüllt in diese wundervolle Energie erschien mir plötzlich alles wieder ganz leicht, und die raue Begrüßung der Beamten am Flughafen geriet langsam in Vergessenheit. In Anbetracht dieser ständig zunehmenden Vorfreude auf Hawaii und die anstehenden Erkenntnisse und Erlebnisse zog es mich deutlich früher als geplant zum Flughafen.

Auch der 9. März hatte gut begonnen, meine Vorfreude auf die Hawaii-Inseln schien sich auf die Menschen ringsum zu übertragen. Ein freundlicher Busfahrer, gutgelaunte Menschen, wundervolles Wetter, obwohl derzeit in San Francisco Regenzeit herrschte. Selbst die Beamten am Flughafen schienen an diesem Tag viel freundlicher zu sein. So hatte ich bereits in den ersten Stunden meiner Reise *Makia* kennengelernt. *Makia* ist Hawaiianisch und bedeutet:

Die Energie folgt der Aufmerksamkeit. Das, worauf Du Deine Aufmerksamkeit lenkst, beginnt zu wachsen.

Endlich saß ich im Flugzeug derselben amerikanischen Airline nach Maui. Die Fluggäste und auch die Crew schienen gut gelaunt, obwohl das Essen selbst bezahlt werden musste. Mit jeder Stunde rückte das Ziel näher. Bilder und Botschaften der Wale und Delfine, in denen sie mitteilten, dass ich bereits erwartet wurde, erreichten mich. Diese

Botschaften waren mir bereits aus Deutschland vertraut, doch kurz vor der Ankunft auf den Hawaii-Inseln nahmen sie eine völlig andere Qualität an.

Etwas außergewöhnlich empfand ich die Präsenz eines weiteren Begleiters, der sich als Aurel vorstellte und sich in einer roten Energiewolke bemerkbar machte, selbst als ich die Toilette aufsuchte. Anfangs erschien mir dies etwas befremdlich, doch im Hinblick darauf, dass die geistigen Wesen lediglich unsere Lichtkörper *(feinstofflichen Körper)* wahrnehmen, konnte ich meine Scham überwinden und leicht und spielerisch mit dieser Situation umgehen. Aurel sollte mir noch manch spannende Situation bescheren.

Ankunft auf Maui

Je näher wir Maui kamen, desto deutlicher veränderte sich die Energie. Eine leichte, liebevolle Form der Energie breitete sich aus. Gleichzeitig fühlte ich, wie die Energie in meinem Sakralchakra *(das 2. Chakra steht für Lebensfreude und Schöpferkraft)* aufwirbelte und sich Tränen in meinen Augen bildeten. Es war dieses befreiende Gefühl der unendlichen Sehnsucht, endlich wieder nach Hause zu kommen.

Kurz vor der Landung zeigte sich direkt unter dem Flugzeug ein Regenbogen. Wohl bemerkt: Der Regenbogen schien waagerecht auf der Erde zu liegen – welch ein außergewöhnliches Schauspiel. Mit dem ersten Schritt auf dem Boden von Maui hatte ich das Gefühl, eine andere Welt zu betreten.

Aloha (ich teile die Schwingung der Liebe mit Dir) lag in der Luft, hüllte mich ein und wollte mich mit diesem zarten, liebevollen Duft liebkosen und willkommen heißen.

Aurel, der energetische Reisebegleiter

Nachdem ich den Start mit dem Mietauto geschafft hatte, ging plötzlich die Beifahrertür auf. Aurel war wieder aufgetaucht und setzte sich auf den Beifahrersitz. Besser gesagt: Die rote Energiewolke nahm den Beifahrersitz ein und erklärte mir, dass sie mich auf dieser Reise begleiten würde. Sichtlich erstaunt würgte ich den Motor des Mietautos ab. Es war nicht

neu für mich, mit geistigen Wesen zu kommunizieren, doch in dieser Präsenz, mit dieser Selbstverständlichkeit, die keinerlei Widerspruch duldete, war das schon etwas außergewöhnlich. Wobei ich, um ganz ehrlich zu sein, auch ein wenig Erleichterung verspürte; schließlich hatte ich die geistige Welt um Unterstützung gebeten. Nun bekam ich also einen Begleiter namens Aurel, der mir mitteilte, sein Auftrag bestünde darin, mich dahin zu führen, wo ich mich an meine lemurischen Wurzeln erinnern und Mutter Erde dienen konnte. All das war sehr aufregend, und so sagte Aurel, ich möge doch einen kurzen Zwischenstopp in Lahaina einlegen, um mich mit Obst und Wasser einzudecken. Wie fürsorglich so ein energetischer Begleiter sein kann, dachte ich und musste schmunzeln. Lahaina ist ein wundervolles, kleines Städtchen; sehr gepflegt, wie so vieles, was es auf Maui noch zu entdecken gab, wie wir später feststellen durften.

Im Hotel Royal Lahaina wurden wir von freundlichem Personal empfangen, erfreuten uns am guten Service und dem wirklich schönen Zimmer mit seinen außergewöhnlich bequemen Betten. In diesen Betten konnte ich nachvollziehen, was es bedeutete, wie »Gott in Frankreich« zu schlafen. Natürlich war mir bewusst, dass Aurel nur für wenige Menschen sichtbar wurde, doch gleichzeitig hatte er innerhalb kürzester Zeit wie selbstverständlich die Position meines Reisegleiters eingenommen.

Der Ruf der Wale war so deutlich wahrnehmbar, dass an Ausruhen gar nicht zu denken war. Dem Ruf der Wale folgend, zog es uns fast magisch zu einer Klippe, die direkt neben dem benachbarten Sheraton Hotel am Meer lag. Ein ganz spezieller Ort, der auch als »Hot Spot« zur Walsichtung bekannt ist. Wie ferngesteuert liefen wir – Aurel schwebte eher – auf diesen Ort zu. Selbst der Gedanke, eine Kamera mitzunehmen, war völlig aus meinem Geist verbannt. Da ich seit über 20 Jahren als Fotografin arbeite, ist die Tatsache, dass ich angesichts solch fantastischer Motive wie Wale im Sonnenuntergang ohne Kamera loslief, kaum nachvollziehbar. Der Ruf der Wale war so stark, dass alles andere völlig nebensächlich erschien.

Erste Begegnung mit den Walen

Auf der Klippe angekommen, sahen wir schon die Wale, wie sie sich im Wasser tummelten. Es war eine helle Freude, den Walen mit ihren Babys bei ihrem lustigen Treiben zuzusehen.

Aurel stellte sich hinter mich, und wie auf Knopfdruck liefen plötzlich Bilder vor meinem geistigen Auge ab. Es waren die Bilder aus Lemurien, wie ich auf einer Klippe stehend mit den Walen und Delfinen über Klänge und Töne kommunizierte. Mit dieser Erinnerung und einer unbeschreiblichen Freude im Herzen, als ob es niemals eine Trennung gegeben hätte, fing ich an, zu singen. Aurel erzählte mir, der *Gruß der Wale und Delfine* lautet »Vaya Ashala«. Kaum hatte er diese Worte ausgesprochen, spürte ich die dazugehörige Melodie im Herzen und sang sie ihm vor.

Aurel schmunzelte, wenn man das überhaupt von einem energetischen Wesen behaupten kann. So sangen Aurel und ich den Walen abwechselnd »Vaya Ashala«, »Sul inat it nis othen« *(Frieden über alle Grenzen)* und »Ehyeh Asher Ehyeh« *(Ich bin der ich bin)* vor, als ob wir nie etwas anderes getan hätten. Die Wale liebten unseren Gesang, und als Dankeschön präsentierten sie sich in wundervoller Weise, es war fast so, als ob sie nur für uns tanzten.

Ein wahrhaft außergewöhnlicher Moment, der in seiner Intensität verdeutlichte, wie tief meine Verbindung zu den Walen tatsächlich ist und immer war. Bereits in Deutschland hatten die Wale auf unterschiedlichste Art und Weise Kontakt zu mir aufgenommen – doch nicht in den kühnsten Träumen hatte ich mir solch eine wundervolle Begrüßung der Wale vorstellen können. Während sie Aurel und mir ein Freudenfest sondergleichen bescherten, entstanden hinter uns immer wieder neue Regenbögen mit einzigartiger Farbintensität – ein Hauch von Lemurien. Die Sonne ging schon unter, als wir zum Hotel zurückliefen. Aurel schwebte neben mir, als ich ihn fragte: Du bist nicht nur ein Engel, wie aus Deinem Namen erkennbar (*die Endung »el« eines Namens steht immer für eine Engelsschwingung*). Wer oder was bist Du wirklich? Die Antwort darauf sollte ich erst viel später erhalten.

Am nächsten Tag wollte ich erst einmal richtig ankommen, und die Umgebung zu erkunden und auch die Zeitverschiebung von 11 Stunden besser zu verarbeiten. Nach dem Frühstück erzählte ich Aurel von dem bereits in Deutschland geknüpften Kontakt zu den beiden deutschen Frauen, die schon viele Jahre auf Maui lebten, und wie sehr mir ein Treffen mit ihnen am Herzen lag. Aurel wusste bereits von meinem Vorhaben – wie konnte es auch anders sein. Während ich vom Balkon unseres Zimmers, den Blick auf das Meer gerichtet, mit Keala telefonierte, um unser Treffen zu vereinbaren, sprang plötzlich ein riesiger Wal aus dem Wasser. Ich schrie vor Begeisterung fast ins Telefon – er war keine 100 Meter von mir entfernt, er schien zum

Greifen nah, ein unbeschreibliches Erlebnis. Keala, eine der beiden deutschen Frauen, lebt und arbeitet seit vielen Jahren als Kahuna auf Maui und gehört zur großen lemurischen Familie. Sie lachte und hatte vollstes Verständnis für meine Begeisterung und den unerwarteten Gefühlsausbruch. Kaum hatte ich meine Gefühle einigermaßen im Griff, sprang ein weiterer Wal aus dem Wasser. Ich fühlte mich unbeschreiblich euphorisch und war mir nun absolut sicher, dass die Wale uns erwarteten, wie sie mir bereits in Deutschland mitgeteilt hatten. Ein großes Glücksgefühl durchströmte jede einzelne Zelle meines Körpers, und was auch immer uns in dieser Zeit auf den Hawaii-Inseln erwarten würde – mit Aurel an meiner Seite würde ich immer zur richtigen Zeit am richtigen Ort sein.

Am Himmel waren nur wenige Wolken zu sehen, die Sonne schien, und doch war es stürmisch und sehr kühl. Trotzdem zog es mich nach dieser atemberaubenden Begrüßung durch die Wale förmlich an den Strand. Immer wieder fing es an zu nieseln, und das aus einem fast azurblauen Himmel. Aurel erklärte, er hätte noch etwas zu erledigen, und schon schwebte die rote Energiewolke davon. Meine Frage, wann er denn wiederkommen würde, blieb unbeantwortet, und so stellte ich mich, im Nieselregen sitzend, auf die Frequenz der Wale ein, und plötzlich verstand ich ihre Botschaften. Die Wale versprachen mir wundervolle Fotomotive für den kommenden Tag, ganz nahe dem Wal-Boot, auf dem wir eine Tour gebucht hatten. Selig von diesen Botschaften saß ich am Strand, mitten im Nieselregen, als Aurel zurückkam, mich ansah und ich plötzlich wusste, dass er mich allein gelassen hatte, damit ich mich auf die Frequenz der Wale konzentrieren konnte.

Der nächste Tag begann mit großer Vorfreude auf das bevorstehende Ereignis. Aurel und ich machten uns um die Mittagszeit auf den Weg nach Ma'Alaea zu dem mit Mahana vereinbarten Treffpunkt, dem Maui Ocean Center. Mahana war vor vielen Jahren von Deutschland nach Maui gezogen. Gespannt auf Mahana warteten wir vor dem Ocean Center, um uns bei einem leckeren Mittagessen etwas näher kennenzulernen. Wir waren sehr dankbar, diesen Ausflug etwas abseits vom Touristenrummel unternehmen zu können.

Mahana hatte viele spannende Einzelheiten von Maui zu berichten, und so verging die Zeit wie im Flug. Sie blickte immer wieder in Aurels Richtung, schien ihn jedoch nicht wirklich wahrzunehmen. Als wir das Restaurant verließen und hinunter zum Hafen gingen, war es sehr stürmisch und ziemlich unsicher, ob das Boot überhaupt auslaufen würde. Ich schaute Mahana an und sagte: Wir werden auslaufen und unvergessliche Momente mit den Walen erleben. Ich wusste ganz genau, Aurel wird schon dafür sorgen. Wenige Minuten später öffnete die Crew das Gate und ließ uns eintreten. Blitzschnell suchten wir die besten Plätze am Oberdeck in der ersten Reihe aus, schließlich hatten wir eine Verabredung mit den Walen. Der Wind pfiff uns um die Ohren und peitschte das Meer. Das Auf und Ab des Bootes erwies sich als zusätzliche Herausforderung. Doch mit der sicheren Gewissheit, in den nächsten Minuten den ersten Wal hautnah zu erleben, erschien das unruhige Meer völlig nebensächlich. Zuerst entdeckten wir eine Walmutter mit ihrem Baby. Das Baby – auch Kalb genannt – sprang immer wieder aus dem Wasser und versprühte pure Lebensfreude unter all den Gästen, die sich auf dem Boot befanden. In dem Moment jedoch, als die Walmutter aus dem Ozean empor sprang, ging ein lautes Raunen durch die Menschen.

Die Begeisterung der Menschen war von tiefem Respekt gegenüber diesem Engel der Meere, der Walmutter, gekennzeichnet. Es ist nicht wirklich in Worte zu fassen, doch hat das Emporspringen eines ausgewachsenen Wals etwas Majestätisches, eine wahrhaft gigantische Faszination. Wie die Wale es am Vortag versprochen hatten, tummelten sich unzählige unterschiedliche Arten in dieser Bucht, sie schienen nur darauf zu warten von uns entdeckt zu werden. Es waren so viele Wale, die so unglaublich viel zu erzählen hatten, dass ich die Botschaften der einzelnen Tiere nicht mehr verstehen konnte.

Doch Aurel konnte die Wale verstehen und erzählte mir, dass die Wale genau wussten, wie wichtig das Gleichgewicht in der pazifischen Seenplatte ist. Die tektonischen Platten prallen mit enormer Wucht aufeinander und sind oftmals

Auslöser für Erdbeben, Seebeben und Vulkanausbrüche. Aus diesem Grund waren in diesem Jahr besonders viele Wale zu den Hawaii-Inseln gekommen, auch Wale, die die Wintermonate normalerweise in anderen Gebieten verbringen. Die Wale verbringen die Wintermonate – von Dezember bis April – meist ohne Nahrung in wärmeren Gegenden, um ihre Kälber aufzuziehen. Die warmen Regionen der Hawaii-Inseln eignen sich hervorragend, um die Walbabys in den relativ geschützten hawaiianischen Inselsenken aufzuziehen.

Die Wale sind sehr hohe, energetische Wesen und haben einen wichtigen Auftrag für den bevorstehenden Aufstieg in die nächste Dimension. Seit Anbeginn der Zeit, wie schon damals in Lemurien, schwimmen sie mit ihrem hohen Bewusstsein und dem göttlichen Gesang durch die Meere und halten somit die Energie im Gleichgewicht. Wale sind das Gedächtnis der Erde und die Hüter der Zeit. Die Hawaiianer haben dies schon lange verstanden, sie begegnen den Walen mit großem Respekt und schützen ihren Lebensraum. Die Wale bedanken sich, indem sie jedes Jahr wieder zu den Hawaii-Inseln, diesem großen Kraftort, zurückkehren.

Dank Aurel und dieser überaus wichtigen Informationen, die mich tief im Herzen berührten, wurde der Bootsausflug zu einem unvergesslichen Erlebnis. Während der zweistündigen Ausfahrt gab es nur wenige Minuten, in denen kein Wal gesichtet wurde. Selbst der Kapitän des Bootes teilte den Gästen mit, dass dies eine sehr außergewöhnliche Fahrt war und sich äußerst selten so viele Wale auf einmal zeigten.

Natürlich hatte der Kapitän keine Ahnung von unserer Verabredung mit den Walen.

Wenn wir wieder damit beginnen, uns nicht mehr getrennt von der Natur mit all ihren Lebewesen, sondern als Teil des Ganzen zu betrachten, können wir täglich die Wunder des Lebens erfahren. Welch ein großartiges Geschenk, bewusst mit all den Lebewesen und Mutter Erde zu kommunizieren.

Obwohl wir an diesem Tag bereits so vielen Walen begegnet waren, zog es Aurel und mich wieder auf die Klippe in der Nähe unseres Hotels, um die Wale beim Sonnenuntergang zu beobachten. Voller Dankbarkeit saßen wir auf der Klippe und sangen den Walen unsere Lieder in der Sprache Elohim (*der Sprache der hohen Engelwesen*) vor.

Selig lag ich spätabends im Bett und ließ mit Aurel den Tag nochmals Revue passieren. Mitten in der Nacht wachte ich etwas verwirrt auf, als mein Bett zu vibrieren begann. Es dauerte einige Minuten, bis ich begriff, dass es sich dabei um ein Erdbeben handelte. Aurel war sofort zur Stelle, beruhigte mich und bestätigte mir, dass es ein Erdbeben war.

Einige Tage später erfuhren wir, dass zeitgleich zu meiner Wahrnehmung wirklich ein starkes Erdbeben stattgefunden hatte. Vor einigen Jahren durfte ich feststellen, dass die Verschiebungen in und auf der Erde, ob als Erdbeben, Seebeben oder Vulkanausbruch, immer deutlicher in meinem Körper wahrnehmbar wurden. Dies sollte sich als zusätzliche Herausforderung auf den Hawaii-Inseln herausstellen.

Der lemurische Tempelplatz

Nach dieser im wahrsten Sinne des Wortes erschütternden Nacht freute ich mich umso mehr auf Keala.

Wir waren mit Keala verabredet, um an einem der ältesten lemurischen Plätze tief in die Erinnerung und in die lemurische Energie einzutauchen. Schon im ersten Moment, auf den ersten Blick, war ich mir der unausgesprochenen Tatsache bewusst, dass es sich bei meinem Treffen mit Keala um ein Wiedersehen handelte. Sie schaute mir tief in die Augen und sagte: Es ist schön, dass Du einen Freund mitgebracht hast. Sie begrüßte Aurel und verneigte sich mit einer besonderen Geste. Die lemurische Familie trifft sich jetzt in dieser Zeit wieder, um das alte Versprechen einzulösen, Mutter Erde beim Aufstieg in die nächste Dimension zu unterstützen und das neue Lemurien zu erschaffen.

Keala fuhr mit uns hinauf in die Berge zu einem alten Tempelplatz, um dort durch ein kraftvolles Ritual die Verbindung zu den lemurischen Ahnen wiederherzustellen und zu stärken. Voller Dankbarkeit und Demut darüber, dass Keala uns zu diesem heiligen Ort brachte, obwohl sie normalerweise nur mit spirituellen Gruppen arbeitete, waren wir sehr gespannt. Ganz der Tradition entsprechend betraten wir den Tempelplatz erst, nachdem Keala eine Reinigungszeremonie abgehalten hatte.

Bereits an der Schwelle war die starke lemurische Energie deutlich spürbar. Je näher wir dem Zeremonienplatz kamen, desto klarer wurden die Wahrnehmungen und Erinnerungen an die lemurische Zeit. Es fühlte sich an, als ob wir eine andere und gleichzeitig doch vertraute Welt betreten würden. Tränen der Freude und Bilder der Erinnerung stiegen in mir hoch, als ich diesen wundervollen Platz nach vielen Jahrhunderten wieder betreten durfte. Vor meinem geistigen Auge sah ich Rituale und Zeremonien, die an diesem heiligen Ort abgehalten worden waren, sah die violette Flamme, die Energie von St. Germain in dem einzigen Baum aufsteigen, der sich auf dem Tempelplatz befand.

Der Tempelplatz war von einem riesigen alten Steinkreis umrahmt, und ringsherum standen Teleaves *(dieser heilige Baum wird oft für Rituale und Reinigungen auf allen Ebenen eingesetzt)*. Bevor wir den Steinkreis betreten durften, erzählte uns Keala einiges über die Historie des Tempelplatzes. Eine Hawaiianerin mit deutschen Wurzeln empfing in einer Vision die Information über diesen Tempelplatz, machte sich auf den Weg und fand ein völlig zugewachsenes Stückchen Erde vor. Mit viel Eigeninitiative wurde dieser Ort wieder zu einem wundervollen, strahlenden Tempelplatz. Direkt unter dem Tempelplatz befindet sich auf dem Meeresboden ein großer Kristall, der die Energie des Platzes noch verstärkt und mit anderen Kristallen auf den Hawaii-Inseln vernetzt ist. Keala erzählte uns von Kryon, der durch ein Medium mitteilte, dass dieser Ort der älteste lemurische Tempelplatz der Jetztzeit sei.

Voller Ehrfurcht betraten wir barfüßig den Steinkreis, um mit einem Ritual zu beginnen. Dieses sollte den Baum von St. Germain, den einzigen Baum auf dem Tempelplatz, mit dem Projekt Weltenbaum verbinden. Ein lemurischer Priester betreut dieses Projekt, bei dem Bäume auf der gesamten Erde bewusst miteinander verbunden werden, um so ein großes Netzwerk aufzubauen. Er war einige Monate zuvor am Mount Shasta und hatte von dort einen Zapfen mitgebracht, der dem Baum von St. Germain als Geschenk übergeben werden durfte. Im Gegenzug gab der Baum ein Geschenk frei, das ich dem lemurischen Priester zur Erweiterung des Netzwerkes weitergeben sollte. Während dieses Rituals pfiff der Wind viel intensiver durch die Blätter des Baumes, und ein Vogel zwitscherte, als ob er eine Botschaft verkünden wollte. Zum Abschluss sangen wir »Sul inat it nis othen« *(Frieden über alle Grenzen)*.

Keala war gerührt von dieser Initiative und sagte: Die lemurischen Ahnen heißen uns willkommen. Aurel schwebte neben mir und sprach: Erinnere dich, warum du hier bist. Etwas hilflos blickte ich zu Keala. Sie nickte, und als ob sie mir etwas zuflüsterte, nahm ich tief in meinem Inneren die Worte wahr: Verbinde das Alte mit dem Neuen. Dankbar und wie selbstverständlich zückte ich meinen lemurischen

Kristall, errichtete inmitten dieses herrlichen Platzes eine hell strahlende Lichtsäule aus goldenem und violettem Licht und bat darum, die alten und die neuen Energien zu verbinden. Es fühlte sich großartig an, denn durch die Verbindung des alten Wissens und der alten Werte mit der neuen Energie können wir etwas Wundervolles erschaffen. Der Kreis kann sich dadurch wieder schließen.

Erfüllt von diesen herrlichen Energien entschieden wir, uns genau dort unter dem Baum von St. Germain mit dem köstlichen mitgebrachten Picknick zu verwöhnen. Aurel geriet beim Anblick der leckeren Speisen in helle Verzückung; nun konnte er zusätzlich Kealas genussvolle Schwingungen miterleben. Gestärkt durch die wundervollen lemurischen Energien und das köstliche Picknick zeigte uns

Keala, wie man einen Haku *(Kopfschmuck aus natürlichen Materialien, der bei rituellen Anlässen getragen wird)* anfertigt. Was für ein schönes Erlebnis: den eigenen Haku anzufertigen, eingehüllt in die lemurische Energie, hoch oben auf dem Berg mit dem atemberaubenden Blick auf den Pazifik. Als ich meinen Haku das erste Mal aufsetzte, fühlte es sich so selbstverständlich und vertraut an, als wäre ein Teil von mir endlich wieder zurückgekehrt.

Die Zeit verging wie im Flug, doch Keala wollte noch eine Zeremonie mit uns durchführen, bevor wir uns verabschieden. Es ging darum, einen Wunsch zu formulieren, um dann alles, was die Erfüllung dieses Wunsches behindert, an Madame Pele *(die hawaiianische Göttin des Feuers und des Vulkans)* abzugeben und sie darum zu bitten, die nicht mehr dienlichen Energien zu transformieren. Die Energie von Madame Pele ist sehr kraftvoll und eine große Hilfe beim Transformieren von Energien. Keala bat mich, ein Blatt des Teleave-Baumes auszuwählen, um diese Zeremonie der tiefen Reinigung zu unterstützen. Dieses Blatt sollte ich in der Nacht unters Kopfkissen legen und bei dem Ritual am nächsten Morgen wieder an die Natur zurück geben. Die kraftvolle Energie von Madame Pele sollte ich zu einem späteren Zeitpunkt noch intensiver erfahren; sie hatte lediglich den Finger nach mir ausgestreckt.

Den Haku auf dem Kopf tragend und angefüllt mit den wundervollen Energien und Erinnerungen verließen wir diesen heiligen Ort. Nach einem herzlichen Abschied von Keala mit dem Herzenswunsch auf ein baldiges Wiedersehen fuhren wir auf einen kurzen Abstecher ins Iao Valley, um dort das bekannte Phallussymbol anzusehen. Nach der feinen

Energie, in der wir nun mehrere Stunden verbracht hatten, war dieses touristische Ausflugsziel keine gute Idee. Sicherlich gab eine weiß gekleidete, blonde, europäisch aussehende Frau mit einem Haku als Kopfschmuck und einem energetischen Begleiter kommunizierend, der für die meisten Menschen nicht sichtbar war, ein wirklich merkwürdiges Bild ab. Doch ich fand dort ein getrocknetes Palmblatt, das sich ideal für das bevorstehende Ritual am nächsten Morgen eignete. So fuhren Aurel und ich zurück zum Hotel und freuten uns unbändig, den Sonnenuntergang wieder mit unseren Freunden, den Walen, zu verbringen. Als wir das Hotel betraten, trug ich immer noch den Haku – er schien förmlich mit mir verwachsen zu sein, und ich war sehr erstaunt über die Reaktion der Hawaiianer, die mir respektvolle Blicke und positive Kommentare zukommen ließen. Sie schätzten den respektvollen Umgang mit ihrer Tradition sehr.

Schnell liefen wir – Aurel schwebte eher – zu unserem wohlvertrauten Platz auf der Klippe. Kaum dort angekommen, sahen wir die ersten Wale. Wir freuten uns wie kleine Kinder, strahlten um die Wette und entdeckten zusätzlich noch zwei Schildkröten. Es fühlte sich so an, als ob ich in Aurel einen vertrauten und langjährigen Freund wiedergefunden hatte, der einfach alles versteht und alles teilt. Leichte Bewölkung war hinter uns aufgezogen und warmer Nieselregen tröpfelte auf die Erde. So waren wir auch an diesem Abend wieder hin- und hergerissen zwischen dem Schauspiel der Wale und der wiederkehrenden Regenbögen hinter uns.

Als ich Aurel erzählte, dass wir noch nach Lahaina fahren würden, um das bunte Treiben dort mitzuerleben, fand er diesen Vorschlag sehr gut. Es war ihm förmlich anzusehen, wie sehr er es genoss, wenn Menschen sich amüsieren. Lahaina bedeutet auf Hawaiianisch »gnadenlose Sonne« und hat als historische Walfangstadt einige Geschichten zu erzählen. Am Hafen von Lahaina gibt es einen interessanten Platz: Dort steht eine Gruppe von Banyan Trees, die sich durch Luftwurzeln verbunden haben. Diese Bäume können viele der vergangenen Geschichten erzählen und verbreiten eine angenehme Energie, die zum Verweilen einlädt. Es war ein schöner Ausklang für diesen wundervollen, erlebnisreichen Tag.

Als ich am nächsten Morgen die Augen öffnete, stand Aurel schon neben mir und erinnerte mich liebevoll an das bevorstehende Ritual. In Windeseile war ich fertig. In Weiß und mit Haku bekleidet liefen wir gegen halb sieben zum Strand, um eine Lichtsäule am Strand von Ka'anapali zu verankern und die Friedensenergie um die ganze Erde zu senden: verbunden mit der goldenen Priesterschaft Lemuriens *(Menschen, die sich an ihr Wirken in Lemurien erinnern und bewusst ihr Wissen und ihre Fähigkeiten in die Jetztzeit einfließen lassen)* und verbunden mit der Basisstation von Adonai Ashtar Sheran *(Menschen, die bewusst die Energie des Friedens und der Heilung in die Jetztzeit einfließen lassen).*

Während Aurel und ich die Lichtsäule inmitten eines Sandkreises verankerten, zogen draußen im Meer die Wale an uns vorüber und teilten uns mit, dass auch sie während des Rituals mit uns verbunden wären. In der linken Hand glühte mein lemurischer Stein, während wir die gleißend helle Lichtsäule mit Himmel und Erde verbanden und als Liebes- und Friedensenergie um die Erde schickten. Zuvor hatten wir das mitgebrachte Palmblatt mit dem Teleaves-Blatt und bunten Blüten bestückt und in die Mitte des Sandkreises gelegt, um es zum

Abschluss des Rituals dem Meer zu übergeben – ganz der lemurisch-hawaiianischen Tradition entsprechend. Aurel und ich schickten das Palmblatt mit den Worten »Sul inat it nis othen« *(Frieden über alle Grenzen)* auf die Reise.

Erfüllt von dieser Zeremonie, schwebten wir nun wohl beide langsam und würdevoll zum Hotel zurück. Die Begegnung mit einer Hawaiianerin zeigte mir nochmals deutlich, wie sehr das Aufrechterhalten der hawaiianischen Tradition geschätzt wird, und wie sehr die Hawaiianer ihre Herzenergie leben.

Haleakala, der schlafende Vulkan

Nach dem Frühstück und einem kurzen Aufenthalt am Strand fuhren wir zum Haleakala National Park, um den Sonnenuntergang zu erleben – dem Touristenstrom entgegen, der sich meist zum Sonnenaufgang dort einfindet.

Dicke Nebelschwaden umhüllten den Haleakala, und ich zweifelte daran, ob sich die lange Fahrt über die Serpentinen zum Aussichtsplateau tatsächlich gelohnt hatte. Aurel stellte sich neben mich, als ich unschlüssig das Eingangsschild des Nationalparks betrachtete, und sah mich fragend an. Natürlich: Welchen Grund hatte ich zum Zweifel – die Reise war geführt von meinem Reisebegleiter, einem liebevollen Energiewesen, das mir alle Türen öffnete.

Plötzlich rissen die Nebelschwaden wie von Geisterhand auf, und ich hatte eine weitere Lektion gelernt. So fuhren

wir die nicht enden wollende Serpentinenstraße entlang, immer höher, durch die Wolkendecke hindurch und erlebten ein atemberaubendes Schauspiel. Weit über den Wolken, in fast 3000 Metern Höhe, befanden wir uns am Kraterrand des Haleakala, des schlafenden Vulkans. Der Boden am Kraterrand war heiß, es brodelte und pulsierte, die Feuerenergie schoss durch meinen Körper. Eine bizarre Kraterlandschaft öffnete sich vor uns, um sich dann wieder in Nebelschwaden einzuhüllen. Aurel zeigte mir den schlafenden Drachen, der den Vulkan bewachte, und dann sah ich ihn, wie er immer wieder aus den Nebelschwaden herausragte. Aurel berichtete von der lemurischen Epoche, als es

Drachenreiter gab und die Existenz von Drachen selbstverständlich war. Als die Zeiten sich veränderten, gerieten die Drachen in Vergessenheit, und manche legten sich wie dieser hier einfach schlafen. Doch die Drachen kehren jetzt wieder in unser Bewusstsein zurück.

Den Sonnenuntergang auf dem Haleakala erleben zu dürfen war ein gigantisches Schauspiel. Selbst die Rückfahrt mit den ständig wechselnden Farbspielen blieb fesselnd, es sah fast so aus, als ob der Himmel in Flammen stehen würde. Die Feuerenergie des Vulkans war auf der Rückfahrt deutlich spürbar, und wahrscheinlich war dies die Vorbereitung auf die nächste Insel Big Island, auch Hawaii genannt.

Die Essenz von Maui

Maui ist mit ihren leichten und liebevollen Schwingungen die Trägerin der weiblichen Energie und hat die Form eines Frauenkopfes. Maui steht energetisch für das 2. Chakra der Hawaii-Inseln, und somit symbolisch für die Schöpferkraft und Lebensfreude. Maui ist die Insel der Wale und Regenbogen, und die lemurische Energie ist hier immer noch deutlich spürbar. »Maui no ka'oi« sagen die Bewohner von ihrer Insel, und meinen damit »Maui ist die Beste«.

Ankunft auf Hawaii (Big Island)

Aurel und ich flogen gegen Mittag nach Big Island, umhüllt von der leicht feurigen und aggressiven Energie, die bereits am Vortag spürbar gewesen war und förmlich nach Entladung schrie. Wir hatten uns vorgenommen, die leichte, weibliche Energie von Maui mit der männlichen Energie von Big Island zu verbinden. Doch wir hatten dabei völlig unterschätzt, wie kraftvoll die Vulkanenergie, die Energie von Pele, tatsächlich wirken kann.

Diesen Prozess sollte ich nun am eigenen Leib erfahren. Kaum waren wir in unserem Appartement im Outrigger

Royal Seacliff Resort in Kailua-Kona angekommen, entlud sich die angestaute Energie. Ich hatte das Gefühl, sämtliche Aggression und die feurige Energie von Big Island in meinem Körper zu sammeln. Es fühlte sich an, als würde ich platzen, und zugleich erfüllten mich Schmerz und Hilflosigkeit. Bisher hatte ich in meinem Leben stets versucht, der Aggression aus dem Weg zu gehen. Doch jetzt ging es darum, genau diese Energie zu transformieren. Aurel wusste das und wollte mich unterstützen. Doch diesen Prozess musste ich alleine durchstehen, und ich bat ihn, mich alleine zu lassen. Plötzlich fiel mir das Ritual Ho'oponopono wieder ein, und ich lief zum Meer, um es zu praktizieren.

Übung

Die hawaiianische Tradition besagt: Alles, was in deinem Leben passiert, ziehst du in dein Leben, weil du die Resonanz in dir trägst. Möchtest du die äußere Welt verändern, so heile die Resonanz in dir selbst – dann heilst du sie auch im Außen. Der hawaiianische Arzt Dr. Lee hat durch sein Wirken das Ho'oponopono auf der Erde verbreitet.
Heile die Resonanz in dir mit den Worten: I am sorry, please forgive me, I thank you and I love you – Ho'oponopono, Ho'oponopono, Ho'oponopono.

Ausgeglichen und von tiefem inneren Frieden erfüllt kehrte ich ins Appartement zurück und freute mich auf Aurel, doch er war nicht da. Am nächsten Morgen weckte er mich mit seiner liebevollen Energie. Ich war überglücklich, ihn zu sehen, und schlug ihm eine Erkundungstour auf der Route 190 in Richtung Waimea vor, um auf der Rückfahrt einen Abstecher ans Meer zu unternehmen.

Die bizarre Landschaft war reich an grünen Weiden und ließen teilweise schon fast Ufo-Landeplätze vermuten. Auf fast allen Hawaii-Inseln ist das Militär stark vertreten, und so mag der eine oder andere Platz schon ab und zu etwas fremdartig wirken. Staunend fuhren wir die Route 190 entlang, ließen die vielen Eindrücke auf uns wirken und machten ab und zu eine Foto-Pause, um dann auf dem Rückweg den geplanten Zwischenstopp in der Hapuna Beach State Recreation Area

einzulegen. Meine Erwartungen wurden weit übertroffen: Vor uns öffnete sich eine gepflegte Parkanlage, die in eine wunderschöne Bucht mit hoher Brandung mündete. Die starke männliche Energie von Big Island war deutlich spürbar. Die Naturgewalten prallten unerbittlich aufeinander und versprühten eine raue, wilde und stark reinigende Energie. Viele Hawaiianer, ob groß oder klein, jung oder alt, spielten miteinander und strahlten eine unbändige Freude aus. Die große Liebe zu ihrer Insel, zu den Elementen und zu ihren Familien war deutlich spürbar und herrlich mit anzusehen. Diese Freude sollte uns auf allen Inseln begleiten.

Aurel und ich saßen am nächsten Morgen beim Frühstück auf unserer Terrasse und spürten die starke Vibration der Erde. Aurel erzählte mir, dass innerhalb der nächsten zwei Tage ein starkes Erdbeben auf Big Island stattfinden würde, was exakt zwei Tage später auch eintraf. Da mich, wie viele andere Menschen auch, Vibrationen der Erde körperlich stark beanspruchen, empfahl Aurel mir, mich mehr zu erden.

Übung

Setze dich aufrecht hin und lenke dein Bewusstsein in das Zentrum deiner Mitte. Atme ruhig und gleichmäßig in deine Mitte und beginne, deine sieben Hauptchakren *(Wurzelchakra, Sakralchakra, Solarplexus, Herzchakra, Kehlchakra, Stirnchakra und Kronenchakra)* zu einem großen Chakra – dem Vereinigten Chakra – zu verbinden. Fülle dieses Vereinigte Chakra mit goldenem Licht auf und dehne dich aus, immer

weiter und weiter, und erkenne, wie du zu einer großen goldenen Sonne geworden bist. Wenn du etwas Übung darin gesammelt hast, reicht es vollkommen, die Absicht auszusprechen, ins Vereinigte Chakra zu gehen.

Nach ungefähr einer Stunde ließen die Vibrationen der Erde nach. Aurel freute sich, dass es mir durch die Übung wieder besser ging, und so beschlossen wir, den geplanten Tagesausflug doch noch zu unternehmen und fuhren ins Outrigger Keauhou Beach Resort. Als wir die Tempelanlage betraten, bat uns ein großer, sehr alter Baum um Reinigung und Transformation der angestauten Energie. Gerne erfüllten wir die Bitte des Baumes und verankerten zusätzlich eine Lichtsäule, um die Energie zu stabilisieren. Der Baum bedankte sich bei uns und erstrahlte in wundervoll hellem und leicht irisierendem Licht.

Wir gingen weiter und entdeckten eine Quelle, in der viele Reinigungszeremonien stattgefunden hatten. Unser Weg führte in Richtung Pazifik. Dort erhob sich die große Tempelanlage, bestehend aus zwei ins Meer ragenden Heiaus. Davor befand sich ein Altar, an dem wohl vor kurzem noch eine Zeremonie abgehalten worden war. Es war eine gigantische Tempelanlage; sie ließ nur erahnen, welche Szenarien sich hier in der Vergangenheit abgespielt hatten. Aurel stellte sich hinter mich und gewährte mir Einblick in die Bilder der Vergangenheit, die wie ein Film vor mir abliefen. Heiaus sind heilige Plätze, meist in quadratischer Form angelegt, bestehend aus

tausenden übereinander geschichteten schwarzen Lavasteinen, und dürfen nur von bestimmten Personen betreten werden. Wie uns Bob später erzählte, hatte ein Investor vor vielen Jahren versucht, auf dieser alten Tempelanlage ein Hotel zu errichten. Die einheimischen Hawaiianer weigerten sich jedoch, an diesem heiligen Ort etwas zu verändern. Daraufhin holte der Investor sich Arbeiter vom Festland, doch auch dann konnte das Bauvorhaben nicht fortgesetzt werden.

Auf mysteriöse Weise waren über Nacht die Baumaterialien teilweise verschwunden oder unbrauchbar. Das Outrigger Keahou Beach Resort wurde letztendlich neben die Tempelanlage gebaut. Somit blieb die Tempelanlage als großes mystisches Geschenk der Nachwelt erhalten.

Seelen, die ins Licht zurückkehren

Unser Weg führte weiter gen Süden zum Pu'uhonua o Honaunau National Historical Park. Dieser Ort wird auch »Platz der Vergebung« genannt. Zu früheren Zeiten hatte jeder Hawaiianer die Möglichkeit, offiziell Vergebung zu erhalten, egal, welchen Verbrechens er schuldig war, wenn er diesen Platz erreichte. In Pu'uhonua o Honaunau wird versucht, den Touristen die damalige Lebensweise der Hawaiianer und ihre Geschichte näher zu bringen. Aurel und ich ließen uns Zeit, um alles zu erkunden, und erfreuten uns an den Schildkröten, die immer wieder aus dem Wasser auftauchten.

Hinter dem Hale o Keawe, der Rekonstruktion eines Tempels aus Holz, öffnete sich eine völlig andere Ebene aus schwarzem Lavagestein, aus deren Mitte ein weiterer großer Heiau ragte. Plötzlich fühlte ich sehr deutlich, dass an diesem Ort nicht nur Vergebung stattgefunden hat. Ich ging weiter und stand plötzlich vor einer völlig vertrockneten Schildkröte. Dieser Anblick machte mich sehr traurig. Die Schildkröte schien symbolisch für die Menschen zu stehen, die hier keine Vergebung gefunden hatten. Große Müdigkeit überfiel mich, jegliche Lebensenergie schien aus meinem Körper zu weichen, und ich hatte den dringenden Wunsch, diesen Ort sofort wieder zu verlassen, um mich irgendwo am Meer von diesen schweren Energien zu reinigen.

In der kleinen Bucht neben dem Pu'uhonua o Honaunau badeten viele Menschen, auch viele Hawaiianer, die diese Bucht zur Heilung aufsuchen. Doch Aurel, der immer wusste, was

zu tun war, schwebte bereits zum Ausgang, und ich ging sichtlich erleichtert hinterher. Ein kurzer Zwischenstopp an der Kealakekua Bay in der Hoffnung auf Abkühlung und eventuell sogar auf Delfine, die sich gern in dieser Bucht aufhalten, wurde relativ schnell zunichte gemacht. Hier befindet sich ein weiterer Heiau, der Strandabschnitt ist von schwarzen Lavasteinen übersät und das Meer so trüb, das es keinesfalls zum Schwimmen einlädt. Als mich eine etwas merkwürdige, männliche Gestalt mit unangenehmer Energie in ein Gespräch verwickeln wollte, schob mich Aurel sanft zum Auto. Heilfroh fuhren wir weiter und fanden ein kleines Plätzchen am Kahalu'u Beach und La'aloa Beach. Völlig erschöpft fiel ich in den groben Sand, ließ die letzten drei Stunden Revue passieren und fragte Aurel, was denn geschehen sei. Aurels Botschaft war klar und deutlich. Meine Aufgabe bestand darin, Energien zu erhöhen und Harmonisierungen an Plätzen, Orten oder bei Menschen zu erwirken, auch mit Hilfe von Lichtsäulen. Als Trägerin der Erlösungsenergie haben mich die Seelen am Pu'uhonua o Honaunau, die keine Vergebung fanden, um meine Unterstützung gebeten. Viele dieser verstorbenen Seelen hielten sich immer noch an diesem Ort auf und wollten endlich ins Licht. Ich setzte mich auf, schaute Aurel an und bat ihn, mir dabei zu helfen. Nachdem ich mich auf das Ritual eingestellt und zentriert hatte, visualisierte ich den Platz. Ich fühlte und sah die verstorbenen Seelen, wie sie sich versammelten. Immer mehr Seelen fanden sich ein, die endlich ihren Frieden finden und ins Licht gehen wollten. Während des Rituals befand sich Aurel glücklicherweise mir gegenüber, um das aufgebaute Energiefeld zu halten. Beim Sprechen eines Gebetes in der Elohim-Sprache *(Engelsprache)*

und bei der Bitte um die Erlösungsenergie wurden die Seelen im Bruchteil einer Sekunde in das Licht gesaugt. Zum Schluss installierten wir eine Lichtsäule auf dem Platz, in der Gewissheit, dass nun leichte Energie und die Energie des Friedens sich über diesem Platz ausdehnen würde. Bei der Rückkehr zu meiner eigenen Lebensenergie spürte ich die tiefe Dankbarkeit der ins Licht gegangenen Seelen.

Eine tiefe Dankbarkeit erfüllte auch mich, als ich Aurel ansah – es gab keine Worte dafür. Ein bewegender Abschluss eines ereignisreichen Tages.

Begegnung mit den Delfinen

Am nächsten Morgen lag ein Hauch von Abenteuer in der Luft. Wir hatten eine Tour »Schwimmen mit den Delfinen« gebucht, doch außer einer Telefonnummer keinerlei Hinweise auf den Veranstalter erhalten. Kurz nach sieben Uhr sollten wir am Keauhou Bay sein und nach einem blauen Boot Ausschau halten. Beim Sichten des blauen Bootes kamen mir die ersten Zweifel, ob meine intuitive Entscheidung richtig gewesen war. Mit neun weiteren Passagieren saßen wir einige Minuten später dichtgedrängt auf dem Boot, in der Mitte gab es einen Behälter für das gesamte Gepäck. Dieser Teil des Bootes war nicht überdacht, dahinter befand sich ein Sonnendeck, unter dem sich Kapitän Dave und seine Schwester Jeanna aufhielten, mitsamt den Requisiten zum Schnorcheln und diversen Snacks, die später gereicht werden sollten.

Jeanna war für das Schwimmen mit den Delfinen zuständig. Sie erklärte schnell und präzise, wie wir uns verhalten sollten, wenn Delfine auftauchen. Die Delfine ließen nicht lange auf sich warten. Aufgeregt packten die ersten Teilnehmer ihre ihnen zugeteilte Schnorchel-Ausrüstung und hüpften ins Wasser. Ich packte in Seelenruhe meine Kamera aus.

Ein Teilnehmer verletzte sich am Fuß, blutete stark und leichte Panik setzte ein mit der Frage, ob denn dadurch eventuell Haie angezogen würden. Dave, der Kapitän lachte und erklärte, Haie würden nicht durch Blutgeruch, sondern durch laute Geräuschkulissen angezogen.

Beruhigt sprangen auch die restlichen Teilnehmer ins Wasser. Beim Anblick der Delfine schlug mein Fotografenherz höher, und erst nach ein paar guten Fotos konnte ich den Schnorchel-Trip genießen. Es waren 15 bis 20 Delfine, die als Gruppe – auch Schule genannt – immer wieder am Boot vorbeiglitten. Sie befanden sich im schlafenden Zustand, was bedeutet, dass sie abwechselnd eine Gehirnhälfte ein- und die andere ausschalten. Kaum hatte ich den Gedanken: Wie schön wäre es, einen springenden Delfin zu erleben!, zu Ende gedacht, sprang ein Delfin, drehte seine Pirouetten und verschwand wieder. Aurel sah mein verdutztes Gesicht, lachte und erzählte mir, dass Delfine außer unseren Emotionen auch unsere Gedanken fühlen könnten. Plötzlich verspürte ich eine starke Übelkeit, sodass ich nicht in der Lage war, ins Wasser zu gehen. Aurel bestätigte meine Ahnung, dass die Erde im Pazifischen

Raum wieder stark bebte. Es stimmte mich sehr traurig, nicht mit den Delfinen schwimmen zu können. Die Teilnehmer waren zwischenzeitlich aus dem Wasser zurückgekehrt. Kapitän Dave startete das Boot und glitt schnell über die Wasseroberfläche, auf dem Weg zu einer Bucht mit türkisblauem Wasser und in der Hoffnung, unterwegs Wale zu entdecken. Meine Lebensenergie kehrte zurück, das Beben schien vorüber, und so ging ich zu Jeanna und sagte ihr, dass ich jetzt gern Schnorcheln würde. Jeanna sah mich etwas verwirrt an, denn 20 Minuten zuvor hatte sie ein Häufchen Elend vor sich gehabt. Sie überlegte kurz, lachte und erklärte mir, was zu tun sei. Die Einweg-Unterwasserkamera griffbereit schwamm ich voller Entdeckungsfreude los. Welch traumhaftes Erlebnis, zwischen den bunten, prächtigen Fischen und den unterschiedlichsten

Farben der Korallen dahinzugleiten. Zurück am Boot gab mir Jeanna ein anerkennendes Zeichen, und der liebvolle Aurel freute sich über meine kindliche Freude.

Nach diesem herrlichen Erlebnis und dem Auschecken aus der Appartementanlage führte unsere Reise weiter auf der Route 11 gen Süden ins Volcano Inn im Volcano National Park. Die Fahrt war anstrengend, wieder bebte die Erde, was sich in unterschiedlichen Wellenbewegungen äußerte, die durch meinen Körper zogen. Dringend benötigte ich nun eine Tasse Kaffee, sprach es aus, und schon tauchte ein Schild auf. Wir folgten dem Schild und erreichten einen kleinen Stand mit unterschiedlichem Obst, Kaffee und Macadamia-Produkten etwas abseits der Straße. Die Besitzerin wollte gerade wegfahren, hielt einen Moment inne und sah uns an, als ob sie noch etwas sagen wollte. Wie sich herausstellte, war sie eine hochspirituelle Frau, als Autorin und Sängerin erfolgreich. Die Angestellte hatte die ersten sechs Lebensjahre in Deutschland verbracht. So wurden wir schnell in ein lustiges Gespräch verwickelt, eine schöne Abwechslung zu der anstrengenden Fahrt ins Vulkangebiet. Gestärkt mit Kaffee, Obst und Macadamia-Nüssen fuhren wir weiter, kamen kurz nach 17 Uhr im Volcano Inn an und staunten über diese schöne Unterkunft. Der Besitzer schien ein Feingeist und Weltenbummler zu sein, der mit viel Liebe zum Detail, wohin das Auge auch blickte, ein wundervolles Arrangement aus den unterschiedlichsten Kulturen für das Volcano Inn zusammengestellt hatte. Wir freuten uns darauf, den Abend gemütlich bei einer Tasse Tee im Kaminzimmer ausklingen zu lassen.

In der Nacht hatte es viel geregnet, die Erde war feucht und ein leicht modriger Geruch wahrnehmbar. Voller Vorfreude

fanden wir uns zeitig im gemütlichen Frühstücksraum ein. Dort erwartete uns außer einem leckeren Frühstück eine tiefe spirituelle Begegnung mit Bob. Er konnte Aurel wahrnehmen, war sichtlich erfreut und fühlte sich magisch angezogen. Bob hatte einiges über die Hawaii-Inseln zu erzählen, gab uns viele Tipps. Schnell kamen wir ins Philosophieren und merkten nicht, wie die Zeit verflog. Erst als Bobs Chef immer wieder geschäftig im Frühstücksraum erschien, konnten wir uns endlich trennen. Weiter ging's: Bereits in Deutschland hatte sich ein Helikopter-Flug über den Vulkankrater in meinen Vorstellungen eingenistet. Mit der Idee, kurzfristig einen Helikopter mit geöffneten Türen *(so kenne ich es von Fotoflügen aus Deutschland)* buchen zu können, gingen wir zur Rezeption. Der Herr an der Rezeption belächelte den Wunsch, bemühte sich dann aber doch, ihn uns zu erfüllen. Aurel stand neben mir und äußerte sich nicht, während ich verzweifelt versuchte, meine Vorstellung unbedingt durchzusetzen. Nach mehrmaligem Nachfragen klappte die Buchung eines Helikopters mit geschlossenen Türen. Obwohl ich in den vergangenen Tagen eine intensive Schulung meiner Intuition erfahren hatte, traf ich bei dieser Buchung allerdings eine Kopfentscheidung, was mir eine gute Lektion erteilen sollte.

Da wir zuvor etwas getrödelt hatten, mussten wir uns beeilen, um rechtzeitig am Flughafen zu sein. Auch an diesem Tag waren die Beben der Erde wieder sehr stark und die Fahrt anstrengend. Rechtzeitig erreichten wir den Flughafen. Ich bezahlte den teuren Flug, ließ mich über das Verhalten während des Fluges und dem Sicherheitscheck unterweisen und saß 15 Minuten später dichtgedrängt mit vier weiteren Personen und dem Piloten im Helikopter. Aurel hatte sich vor

dem Einchecken verabschiedet und war davongeschwebt. Der Pilot zog immer wieder seine Kreise über die Lavafelder, doch den versprochen Blick in den Vulkankrater bekamen wir nicht zu Gesicht. Lavafelder soweit das Auge reichte. Inmitten der Lavafelder stand noch ein einsames Bed & Breakfast-Cottage, das nur mit Helikopter erreichbar war. Ein Regenbogen begleitete unseren Flug. Er lag über dem Lavafeld, genauso wie bei dem Anflug auf Maui. Der Flug über die Lavafelder wurde irgendwann langweilig, zumal der von allen erwartete Blick in den Krater einfach fehlte. Ich war sehr enttäuscht, wie hier den Touristen das Geld aus der Tasche gezogen wurde. Am Boden angekommen, wollte ich schleunigst das Gebäude verlassen, als der Angestellte mich zurückrief und mir erzählte, er hätte sich verrechnet und müsste mir nochmals 20 Dollar berechnen. Ich hatte keine Lust auf längere Diskussionen, bezahlte, schaute ihm in die Augen und spürte eine ziemlich unangenehme Energie. Diesen Ausflug hatte ich mit meinem Kopf und nicht mit dem Herzen entschieden, und prompt erhielt ich eine wunderbare Lektion. Aurel erwartete mich vor dem Gebäude, sah mich an und sagte: Wir sollten zum Meer fahren, damit du dich reinigen kannst. Wie recht er wieder einmal hatte, und natürlich hatte er zuvor gewusst, wie dieser Flug verlaufen würde und welche Lektion auf mich wartete. Aurel konnte meine Gedanken lesen und fügte erklärend hinzu: Die Seele eines jeden Menschen ist hier, um Erfahrungen zu sammeln und der Stimme des Herzens wieder zu vertrauen.

Männliche und weibliche Energie verbinden

Wir fuhren auf der Route 11 und wechselten auf die Route 130 Richtung Pahoa durch eine lange, äußerst beeindruckende Baumallee. Am Lava Tree State Park ging es weiter Richtung Isaac County Beach Park. Viele Surfer hatten sich hier eingefunden und lauerten geduldig auf die richtige Welle. Unser Weg führte uns weiter auf der Suche nach dem Pond, in dem Süßwasser und Salzwasser zusammenfließen – ein bekannter Ort der Heilung. Anscheinend hatten wir die Abbiegung verpasst und landeten in einem düsteren Waldabschnitt. Je weiter wir fuhren, desto unangenehmer wurde

die Energie, und ich spürte den dringenden Wunsch, umzudrehen. Ich wendete prompt das Auto, und sofort änderte sich die Energie, wurde angenehm und leicht. Aurel lächelte und sagte: Vertraue auf deine Intuition, sie zeigt dir immer den richtigen Weg. Und schon entdeckten wir das Schild mit der Aufschrift »Ahalanui Park«.

Hier befindet sich der Pond, in dem Süßwasser aus vulkanischen Quellen und Salzwasser zusammenfließen. Der intensive Schwefelgeruch der vulkanischen Quellen hing wie eine dichte Wolke über dem Pond, der direkt am Meer gelegen war und immer wieder durch die starke Brandung mit frischem Meerwasser gespeist wurde. Abgesehen von dem Schwefelgeruch ist das Wasser angenehm warm und wird vorwiegend von Einheimischen als Ort der Heilung aufgesucht. Die vorhergehende anstrengende Energie der Erdbewegungen und die unangenehmen, schweren Energien des Tages schienen sich hier wie von selbst zu lösen. Gerade hatte ich mich an dieses wohlige Gefühl gewöhnt, als irgendetwas an meiner Haut zupfte. Ich sah mit leichter Verwirrung auf meinen Körper und entdeckte viele kleine silbern leuchtende Fische, die die rosa Farbe meines Bikinis reflektierten, sich um mich herum tummelten und an mir knabberten. Ein sonderbares Gefühl, doch weitaus angenehmer als die Schwere des Vulkans und die ständigen Vibrationen der Erde. Eine Frau kam angeschwommen, glaubte eine Wasserschlange gesehen zu haben, setzte sich neben mich auf die Steine im Wasser und schaute den kleinen silbernen Fischen zu. Plötzlich fing es an zu regnen, und hinter uns über dem Meer entstand ein wunderschöner, leuchtender Regenbogen. Es war den Menschen förmlich anzusehen, wie sich beim Anblick des Regenbogens ihr Herz öffnete. Eine wundervolle Energie brei-

tete sich über dem Pond aus, fast so, als ob man direkt über den Regenbogen den Himmel oder eine andere Dimension betreten kann. Die Frau neben mir erzählte, dass die Hawaii-Inseln auch das Land der Regenbogen genannt werden. So wurde Lemurien auch genannt, das Land der Wale und der Regenbogen. Dies schien der geeignete Zeitpunkt, meinen Haku an die Natur zurückzugeben und so die weibliche Energie von Maui mit der männlichen Energie von Big Island zu verbinden. Ich holte den Haku aus dem Auto, zog meine weiße Kleidung an und schritt würdevoll in dem Bewusstsein einer lemurischen

Priesterin, den Haku in den Händen tragend, zum Meer. Wie ferngesteuert wurde ich an einen bestimmten Platz am Meer geführt. Dieser Platz war überflutet von der wilden Brandung, und immer wieder peitschte es über den Kai. Tief in mir wusste ich, dass die Brandung während der Zeremonie deutlich zurückgehen würde. So stand ich voller Vertrauen an diesem Platz, vereinigte meine Chakren, dehnte mein Energiefeld aus, fing an zu singen und fand mich wie selbstverständlich im Rezitieren der lemurischen Sprache wieder.

Die Brandung war zurückgegangen, Aurel stand hinter mir und zeigte mir die Bilder aus Lemurien: Wie leicht und wie respektvoll damals mit den Elementen und der Natur kommuniziert wurde. Ich spürte diese tiefe Liebe zu Allem was ist, die jede einzelne Zelle meines Körpers ausfüllte, und die absolute Gewissheit, das alles miteinander verbunden ist. In diesem Gefühl der tiefen Liebe und Dankbarkeit, warf ich meinen Haku weit ins Meer und gab ihn der Natur zurück.

Die Hawaiianer haben eine Regel, die besagt, dass alles, was wir der Natur entnehmen, wieder an die Natur zurückgegeben werden muss, um so den natürlichen Kreislauf zu erhalten.

Erfüllt von dieser Zeremonie drehte ich mich um, um den Platz zu verlassen. Wenige Sekunden später peitschte die Brandung über den Kai. Aurel und ich mussten herzhaft lachen und gingen trockenen Fußes zum Auto, um den letzten Abend auf Big Island im gemütlichen Kaminzimmer des Volcano Inn zu genießen.

Am nächsten Morgen brachen wir früh zum Flughafen in Hilo auf, um mit Zwischenstation über O'Ahu nach Molokai

zu fliegen. Die Fahrt war wieder sehr anstrengend, da ich unablässig die Vibrationen der Erde in den unterschiedlichsten Wellen in meinem Körper spürte. Nach den vergangenen Tagen auf Big Island mit den ständig neuen Herausforderungen hoffte ich, auf Molokai die nötige Erholung zu finden. Aurel amüsierte sich immer köstlich über die mühseligen Sicherheitschecks am Flughafen und meinte, Schulungen der Angestellten im Wahrnehmen von Aura- und Lichtkörper wären hier effektiver einsetzbar. Wobei es bereits einige wenige Länder gibt, die ähnliche Methoden sehr erfolgreich anwenden.

Doch bevor wir Big Island verlassen konnten, hatten wir noch eine Aufgabe zu erledigen. Aurel sagte: Mutter Erde bittet uns nochmals um energetische Unterstützung, gerade hier auf Big Island. Die Energie von Big Island war sehr dicht, und es dauerte einige Zeit, bis wir ein energetisches Gleichgewicht herstellen konnten. Die Reaktion von Mutter Erde auf diese Energiearbeit war sehr bewegend und ihre tiefe Dankbarkeit rührte uns zu Tränen. Mutter Erde zeigte uns ganz deutlich, wie es sich anfühlt, wenn sie aufatmet und eine große Erleichterung spürt. Die Energie verteilte sich auf Big Island und konnte sich harmonisch ausdehnen.

Mutter Erde ist jetzt, in der Zeit des Aufstiegs, auf die bewusste Unterstützung der Menschen angewiesen und außerordentlich dankbar für jede erdenkliche Hilfe. Dabei spielt es keine Rolle, ob dies in Form von Gebeten, Musik oder einfach nur durch positive Gedanken geschieht.

Die Essenz von Big Island/Hawaii

Big Island, die größte der Hawaii-Inseln, ist Trägerin der männlichen Energie. Big Island steht energetisch für das 1. Chakra der Hawaii-Inseln und somit für die Basis und die Lebenskraft. Die klare Präsenz von Pele, der Göttin des Vulkans, ist immer und überall deutlich spürbar. Big Island ist auch bekannt dafür, durch das Schwimmen mit den Delfinen die pure Lebensfreude zu genießen.

Molokai, das Herz der Hawaii-Inseln

Auch bei dem Zwischenstopp auf O'Ahu waren deutliche energetische Turbulenzen wahrnehmbar. O'Ahu ist eine wundervolle Insel mit traumhaften Stränden, doch leider vom Massentourismus und vom Militär völlig vereinnahmt. In meiner Vorstellung war die nächste Insel, Molokai, die für mich wichtigste Insel, und so sah ich voller Erwartung, wie diese Insel sich uns offenbarte. Bob hatte uns mitgeteilt, dass Molokai von den Hawaiianern als das Herz der Hawaii-Inseln bezeichnet wird. Beim Anflug auf Molokai war dies sofort sichtbar: rote Erde mit satten grünen Wäldern und Wiesen, so weit das Auge reicht. Es glich tatsächlich einem Herzen, durchzogen mit den Wegen, die wie Adern oder Venen aussahen. Der Flughafen war so klein, dass man ihn fast übersehen konnte. Die Mitarbeiterin der Autovermietung empfing uns äußerst schlecht gelaunt. Ein Lächeln auf ihre Lippen zu zaubern erwies sich als kleine Herausforderung.

Doch auch hierfür gibt es eine ganz wunderbare Übung, die jederzeit angewendet werden kann.

Übung

Stelle dir einfach vor, dass jeder Mensch einen göttlichen Funken in sich trägt. Sieh deinem Gegenüber in die Augen und nimm Kontakt zu dem göttlichen Funken dieses Menschen auf. Sende einfach Licht, Liebe und positive Gedanken zu deinem Gegenüber und lasse dich überraschen, was passiert. Da Energie der Aufmerksamkeit folgt, funktioniert diese Übung auch mit Menschen, die nicht anwesend sind.

Die wunderschöne Landschaft Molokais, durchtränkt mit reiner Energie, gab mir das Gefühl, endlich wieder durchatmen zu können. Die Insel ist ziemlich klein, und so dauerte unsere Fahrt ins Hotel nur rund 20 Minuten. Was wir noch nicht wussten: Das Hotel Molokai ist das bessere der beiden einzigen Hotels auf der Insel. Als weitere Unterkünfte stehen diverse Cottages zur Verfügung. Während der Reiseplanung in

Deutschland hatte ich in unschlüssigen Momenten immer das Pendel zu Rate gezogen und stellte wieder einmal fest, dass es sich auch hier als brillante Idee offenbarte. Das Hotel bestand aus einer sehr gepflegten Anlage mit schönen, interessanten Bungalows, direkt am Meer gelegen.

Nach dem Auspacken wollte ich gern die letzte Stunde des Tageslichts am Meer verbringen, um den Sonnenuntergang zu genießen. Leider war das Schwimmen hier nicht möglich, da die Südküste von einem vorgelagerten Riff umgeben ist und das Wasser auf den ersten hundert Metern sehr seicht ist. So legte ich mich neben eine Kokospalme, vertraute auf ein unbeschadetes Sonnenbad und lauschte den hawaiianischen Klängen, die vom Pool herüberwehten. Völlig versunken in die Bilder Lemuriens, die immer wieder auftauchten, holte mich ein dumpfer Knall ins Hier und Jetzt zurück. Ich öffnete die Augen und sah zwei Meter entfernt eine Kokosnuss auf dem feinen Kieselstrand liegen. Das war knapp, dachte ich, schaute aufs Meer und entdeckte eine rote Energiewolke, die immer näher kam. Mein treuer Freund Aurel hatte wieder einen Ausflug gemacht. Immer wenn ich ihn fragte, wo er gewesen war, lächelte er nur.

Das Abendessen direkt am Meer unter Palmen und Fackeln sitzend zu genießen, verströmte einen paradiesischen Hauch – auch für Aurel, der wieder in leichte Verzückung geriet. Wenn da nur nicht eine Fünf-Mann Band ein kleines Rockkonzert abgeliefert hätte. Frühzeitig verließen wir das Restaurant, um den Abend im Bungalow zu verbringen. Doch die Band rockte unermüdlich weiter und schien an Lautstärke ständig zuzulegen, sodass selbst mein Bett vibrierte – und dieses Mal handelte es sich nicht um ein Erdbeben. Aurel erinnerte mich daran, dass diese Situation eine hervorragende Gelegenheit für eine Zentrierungsübung bot.

Übung

Gehe mit deinem Fokus in das Zentrum deines Herzens und konzentriere dich auf den göttlichen Funken, der blau, weiß, golden oder in einer anderen Farbe hell lodert. Mit jedem Atemzug dehnst du deinen göttlichen Funken aus, immer weiter, und erfährst dadurch eine tiefe Entspannung.
Jeder weitere Atemzug führt dich noch tiefer in die Entspannung hinein.

Als am nächsten Morgen die ersten Sonnenstrahlen ganz zart mein Gesicht berührten, wusste ich, dass uns ein weiterer herrlicher Tag bevorstand – zumal ich tief und fest wie ein Murmeltier geschlafen hatte. Große Vorfreude auf die vielerorts gepriesene Bäckerei in Kaunakakei breitete sich aus. Es schien tatsächlich die beste Bäckerei auf Molokai zu sein, wenn auch die einzige. Als wir die Bäckerei betraten, waren hauptsächlich Hawaiianer anzutreffen und nur wenige, vereinzelte Touristen. Die Ausstattung war eher spärlich und wurde touristischen Maßstäben nicht gerecht, doch gab es hier ein wirklich leckeres Frühstück.

Gestärkt und mit zusätzlichem Proviant aus der Vitrine wollten wir nun die die Insel erkunden. Irgendetwas Spannendes musste es hier auf Molokai, dem Herzen der Hawaii-Inseln, geben. Da das Schwimmen in den vergangen Tagen viel zu kurz gekommen war, entschieden wir uns, an die Westküste Richtung Kaluakoi zu fahren. Unser Weg führte durch schöne Landschaften mit leuchtend roter Erde oder sattem Grün der Wiesen und Wälder zur Kepuhi Bay, einer schönen Bucht mit wilder Brandung, vielen Steinen, doch zum Schwimmen leider völlig ungeeignet. Dieser Ort besaß diese faszinierende wilde Ursprünglichkeit der Natur, und so blieben wir einige Zeit dort. Genüsslich verspeiste ich die leckeren Teilchen aus der Bäckerei und Aurel geriet wieder in diese herrliche Verzückung. Es war köstlich, ihm dabei zuzusehen – sämtliche Atome seiner roten Energiewolke leuchteten in einer bestimmten Reihenfolge auf, als ob sie dadurch bestimmte Signale aussendeten.

Bevor wir zurückfuhren, machten wir noch in der daneben liegenden Bucht Kaluako'i Halt. Dort stand eine völlig vernach-

lässigte Hotelanlage, die ich bei der Buchungsplanung in Erwägung gezogen hatte. Angesichts dieser Anlage war ich wieder einmal überglücklich, der Entscheidung des Pendels vertraut und das Hotel Molokai gebucht zu haben. Die Bucht von Kaluako'i ist schon eher zum Schwimmen geeignet, und viele Surfer hatten sich hier eingefunden, um mit ihren Boards die Wellen zu nutzen. Unter einer Baumgruppe in der Nähe eines Heiaus saßen viele Hawaiianer inmitten ihrer Picknickausrüstung. Es war wunderschön, ihnen zuzusehen, wie sie in ihrer sanften Ausgeglichenheit den Tag genossen. Auf dem Rückweg entdeckten wir plötzlich am Straßenrand ein Reh; es sah uns an und zögerte. Ich trat auf die Bremse, um das Reh nicht zu erschrecken. Obwohl dieser Blickkontakt nur wenige Sekunden währte, schien es eine kleine Ewigkeit zu dauern, bis das Reh sich wieder bewegte. Zu unserer großen Freude tauchten immer mehr Rehe auf und überquerten die Straße. Wir zählten acht Rehe, und sie überbrachten die klare Botschaft:

Öffne Dein Herz und schaue mit reinen Augen. Kehre zurück zu Deiner Unschuld, Reinheit und Offenheit dem Leben gegenüber. Die Zahl 8 steht für Harmonie und Unendlichkeit.

Abends wollten wir das bunte Treiben in Kaunakakai erleben, oder zumindest hofften wir, es dort vorzufinden. Da die Auswahl an Restaurants eher gering war, verdarb ich mir prompt den Magen mit Pasta, die sich für europäische Verhältnisse als etwas ungenießbar entpuppte. Auch Aurel musste somit auf den Genuss der Verzückung verzichten, und seine Aura schien sich für den Bruchteil einer Sekunde etwas zusammenzuziehen. Etwas enttäuscht von dieser Exkursion kehrten wir

ins Hotel Molokai zurück und wurden von lauter Discomusik empfangen. Das Hotel schien nicht nur das beste Hotel zu sein, sondern auch die einzige Möglichkeit für unterschiedliche, abendliche Events. Da die Zentrierungsübung am Vorabend wunderbar geklappt hatte, sah ich der ansteigenden Lautstärke völlig entspannt entgegen. Doch plötzlich wurde die Klimaanalage im Nebenraum eingeschalten, der ohrenbetäubende Lärm des Generators am Kopfende meines Bettes vibrierte durch das Zimmer. Aurel schmunzelte und meinte liebevoll, nach jeder bestandenen Prüfung kommt irgendwann eine Meisterprüfung. Aurel hatte gut Lachen; er wusste nicht wirklich, was es bedeutete, den alltäglichen Herausforderungen auf der physischen Ebene ausgesetzt zu sein.

Es war schön, den Frühlingsbeginn auf Molokai zu erleben. Natürlich führte unser Weg auch an diesem Morgen wieder zum Frühstück in die Bäckerei, um uns mit weiteren Gebäckteilchen für den geplanten Ausflug einzudecken. Die Route 470 brachte uns zum Pala'Au Park. Dort gibt es einen heiligen Ort, an dem die Hawaiianer über viele Jahrhunderte um Fruchtbarkeit baten und teilweise immer noch bitten. Der leicht ansteigende Weg verlief durch einen Nadelwald mit einer sehr speziellen Energie und weiter zu mehreren großen, kreisförmig angeordneten Steinen.

Während einer Meditation inmitten dieses Steinkreises offenbarten sich viele Bilder der Zeremonien, die hier abgehalten worden waren. Frauen und Männer, die hier in Begleitung oder auch alleine vertrauensvoll um Fruchtbarkeit baten. Unzählige Menschen hatten über die Jahrhunderte hilfesuchend, oft verzweifelt, diesen Ort betreten – ob voller Hoffnung vor der Hochzeitszeremonie oder in Verzweiflung über eine kin-

derlose Ehe. Dieser Ort war auch ein Ort der Ältesten, die hier ihre Ratsverhandlungen abhielten. Hinter dem Steinkreis stand der wohl interessanteste Stein in Form eines großen Phallus. Auch zur jetzigen Zeit scheinen die Menschen noch an die Bedeutung der Fruchtbarkeit am Ka Ulle o Nánáhoa *(Phallic Rock)* zu glauben und legen Leis *(Ketten aus Blüten, Gräsern, Federn oder Muscheln)* und andere Opfergaben nieder. Ein spannender Ort mit einer sehr speziellen Energie.

Nun stand der für mich wohl schwierigste Weg an, der Weg zur Leprakolonie Kalaupapa. Eine Wanderung in ein schwer zugängliches Gebiet, die normalerweise mit Maultieren unternommen wird. Tatsächlich war ich der Überzeugung, diesen Weg zu Fuß zurücklegen zu können, doch wie so oft versperrte das Schild »No Trespassing« den Weg.

Bereits vor dem Abflug nach Hawaii beim Lesen des Reiseführers hatte mich ein ungutes Gefühl bei den Schilderungen der Leprakolonie überkommen, und nun wollte ich mich damit konfrontieren. Meine innere Anspannung war ziemlich groß, und ich war gespannt, welche Emotionen der Anblick von Kalaupapa in mir auslösen würde.

Da wir den Weg zur Kolonie nicht betreten durften und weit und breit keine Maultiere in Sicht waren, blieb uns nichts anderes übrig, als den Blick auf Kalaupapa und die wundervolle Awahua Bay von einem Aussichtspunkt auf der Anhöhe aus zu betrachten. Als wir dort ankamen, trat Aurel hinter mich und die Bilder dieser früheren Inkarnation liefen wie im Film ab. Damals war ich die Frau eines volksnahen Herrschers, der immer wieder Bittgesuche seiner Untertanen erfüllte und mich sehr oft zu Rate zog. Als ein Priester mit der Bitte kam, die auf Kalaupapa lebenden Leprakranken auf

menschenwürdige Art zu unterstützen und sie nicht mehr in dieser unwürdigen Form zu isolieren, lehnte mein Mann, der Herrscher, ab. Die Liebe zwischen ihm und mir war sehr groß, und umso mehr erschütterte mich seine hartherzige Entscheidung. So beschloss ich, den Priester zu begleiten, in der Hoffnung, ein Wunder würde geschehen.

Es dauerte mehrere Monate, bis mein Mann auf das Bittgesuch des Priesters einging, wenn auch in einer abgeschwächten Form. Das erhoffte Wunder bestand darin, frei von Lepra aus der Kolonie Kalaupapa zurückzukehren.

Voller Dankbarkeit, diesen Moment so erleben zu dürfen, drehte ich mich zu Aurel um und war mir bewusst, welch großes Geschenk ich täglich durch seine Begleitung erfahren durfte. Meine Befürchtungen, diesen Ort mit seinen schmerzvollen Erinnerungen zu betrachten oder gar zu betreten, waren nun in tiefen Frieden und Liebe transformiert, die sich in jeder Zelle meines Körpers ausbreitete. Tief erfüllt von diesem Moment fuhren wir zurück, und Aurel schlug vor, nochmals ans Meer zu fahren, um alles, was mir nicht mehr dienlich war, mit einem Ritual zu reinigen.

Die Elohims der Reinigung

Als wir das Meer erreichten, forderte Aurel mich auf, die Elohims des weißen Strahls zu rufen und um Reinigung zu bitten. Kaum hatte ich meine Bitte ausgesprochen, ergoss sich strahlend weißes Licht über meinen Körper, verteilte sich in jede Zelle, in jedes Atom, und floss in mein gesamtes Energiesystem hinein. Es war förmlich zu sehen, wie sich meine Aura aufhellte und transformierte und wie sich alte Strukturen lösten. Ich bedankte mich bei den Elohims des weißen Strahls und bei Aurel für diesen Hinweis. Wir können jederzeit, in jeder Situation, die Engel oder Elohims um ihre Hilfe bitten – nur dann dürfen sie unterstützend wirken und freuen sich im Gegenzug, wenn wir uns bei Ihnen bedanken.

Aurel und ich standen an diesem langen weißen Sandstrand, die Wellen peitschten hoch: ein Ort, um die tiefe Verbindung mit den Elementen aufzunehmen. Ich spürte die unbeschreibliche Liebe von Aurel und den Elohims nachwirken, die uns immer, zu jeder Zeit, ohne Wenn und Aber unterstützend zur Seite steht. Das berührte mich tief in meiner Seele. Versunken in dieses Gefühl schweifte mein Blick über das Meer, und ich sah plötzlich einige Wale langsam an uns vorüberziehen. Die Wale hatten uns auf Big Island ein Wiedersehen auf Molokai versprochen, und ich war überglücklich, sie wiederzusehen. Diese Wale waren besonders mitteilungsfreudig, womöglich lag es auch an der vorhergehenden tiefen Reinigung durch die Elohims. Sie erzählten viele Geschichten, die sie auf ihren Reisen durch die Meere erlebt hatten. Sie berichteten von ihren engen Verbindungen zu den Sternenwesen in den unterschiedlichsten Dimensionen, zu den Wesen auf der Erde und von der engen Verbindung zum alten Volk. Auch berichteten sie von engen Kontakten zu einigen wenigen Menschen, und teilten uns mit, warum es jetzt so wichtig war, alles miteinander zu verbinden. Tief berührt von den Erzählungen der Wale nahm ich Aurel still verweilend neben mir wahr. Aurel sagte: Verstehst du nun, warum es so wichtig ist, auf deine Intuition zu hören? Verstehst du nun, warum es so wichtig war, jetzt nach Hawaii zu kommen und die alten Verbindungen wieder zu erneuern? Verstehst du nun, welche Aufgabe du in diesem Leben zu erfüllen hast? Aurel sah mich an, und dicke Tränen kullerten über mein Gesicht. Ja, ich hatte verstanden.

Beglückt durch all die Botschaften und Erlebnissen des Tages fuhren wir ins Hotel zurück und setzten uns mit einem leckeren Kaffee auf unseren Balkon. Es gibt besonders schmackhafte Kaffeesorten auf den Hawaii-Inseln, da hier auch Kaffee angebaut wir. Besonders empfehlenswert sind die Geschmacksrichtungen Coconut, Macadamia und Vanille. Plötzlich raschelte es im Baum neben dem Balkon und eine Ratte sprang aufs Balkongeländer. Ich schrie auf vor

Schreck, und die Ratte sprang erschrocken wieder in den Baum zurück. Sicherlich war sie von dem Geruch des süßlichen Gebäcks angezogen worden.

Die Botschaft der Ratte: Sie verfügt über den siebten Sinn und ist immer und überall zur rechten Zeit am richtigen Ort. Sie weiß, was zu retten ist und was nicht; was zu heilen ist, und auch, was der Wandlung bedarf.

Als wir uns nach dem Abendessen wieder in unser Appartement zurückzogen, um den nächsten Tag zu planen, schweifte mein Blick im Zimmer umher und blieb wie gebannt an einer dunklen Stelle hängen. Ich vermutete gleich ganz richtig, was es war: eine fast fünf Zentimeter große Kakerlake. Ein leichter Schauer lief mir über den Rücken und erinnerte mich an eine Initiation auf Bali. Aurel fand es lustig, und so versuchte ich, den Gast im Schlafzimmer einfach auszublenden, was mit einiger Mühe auch gelang. Schließlich gibt es Wichtigeres als ungebetene Gäste im Schlafzimmer.

Auch die Tage auf Molokai verflogen wie im Nu. Für Molokai hatten wir uns den Besuch des höchsten Wasserfalls der Erde im Halawa Valley ausgesucht. Vor dem Abflug erhielt ich eine Botschaft vom alten Volk, das mich aufforderte, den Kontakt zu den Einheimischen aufzunehmen. So suchten wir den Kontakt zu Einheimischen, um ins Halawa Valley zu gelangen, doch schien dies etwas schwieriger zu sein als gedacht. Die am Vortag gestellten Fragen an die Kellnerin brachten ebenfalls wenig Erfolg. Sie gab uns einfach den Hinweis, diese Tour mit Aki zu machen, dem das Land auch gehörte. Nachdem wir Aki in der Bäckerei gesehen

hatten und die Kellnerin uns erzählte, dass selbst die Einheimischen das Land nicht mehr selbstständig betreten dürften, reichte ein Blick zu Aurel, um zu erkennen, dass dieser Ausflug anscheinend nicht für uns vorgesehen war.

Kein Wunder: Immerhin ging es bei dieser Reise darum, die alten Werte Lemuriens wiederzuentdecken.

So fuhren wir am nächsten Morgen wieder zum Frühstücken in die Bäckerei und konzentrierten uns zwischenzeitlich auf einen anderen Ort. Die sagenhaften Geschichten der Menehune begleiteten uns seit mehreren Tagen, und so war jeder Impuls, der uns dem Kontakt näher bringen sollte, herzlich willkommen. Die Menehune sind ein kleinwüchsiges Volk, das der Überlieferung nach aus Tahiti einwanderte und über außergewöhnliche Kräfte verfügte. Wir beschlossen, auf eigener Faust auf der Route 450 nach Osten ins Halawa

Valley zu fahren, um wenigstens einen Blick ins Tal zu werfen. Auf dem Weg dorthin steht der Ili'liopae Heiau. Dieser zweitgrößte Heiau der Hawaii-Inseln wurde angeblich innerhalb einer Nacht von den Menehune erbaut. Selbstverständlich mussten wir diesen Heiau aufsuchen.

Die Beschilderungen auf den Inseln waren teilweise etwas dürftig. Selbst ein Einheimischer, der ganz in der Nähe auf dem Feld arbeitete, kannte den Weg zu dem heiligen Ort nicht und wollte uns zur nahe liegenden Kirche schicken. Viele Hawaiianer haben sich von ihrer Tradition abgewandt und religiösen Gemeinschaften angeschlossen. Es gibt sehr viele Kirchen und unterschiedliche Glaubensgemeinschaften auf den Hawaii-Inseln. Die hawaiianische Traditionen wie beispielsweise Huna wurden von den Amerikanern offiziell verboten und deren Ausübung teilweise mit hohen Geldstrafen bis hin zu Gefängnisaufenthalt belegt. So war das Wirken der hawaiianischen Schamanen stark eingeschränkt und wurde oftmals nur im Verborgenen praktiziert. Viele Jahre später nahm der Sinneswandel, den hawaiianischen Schamanismus endlich wieder anzuerkennen, allerdings auch seinen Anfang in Amerika.

Das Geschenk der Menehune

Schließlich beschrieb uns eine Amerikanerin den Weg. Als wir das Auto geparkt hatten und auf den Weg zuliefen, sprang uns plötzlich ein Hund von hinten an. Voller Freude, als ob er schon sehnlichst auf uns gewartet hätte, begleitete uns der Wächterhund des Heiaus, wie wir ihn nannten. Der Weg endete an einem Haus, und weit und breit entdeckten wir keinen Hinweis, der uns zum Heiau führen könnte. Aurel wusste den Weg natürlich, doch ging es wieder einmal darum, meine Absicht zu prüfen, und die war so groß, dass ich das handgeschriebene Schild in schwindelnder Höhe entdeckte. Dieser Weg durch unwegsamen Regenwald wurde scheinbar eher selten benutzt. Genauso unheimlich wie seine Wirkung war seine fast magische Anziehungskraft. In Begleitung unseres Wächterhundes gingen wir in absolutem Urvertrauen weiter durch diesen immer dichter werdenden Regenwald. Der vor uns liegende Bach schien vom vorangegangenen nächtlichen Regen etwas angestiegen und konnte mit etwas Geschick überquert werden.

Aurel blieb stehen und sagte mir, es sei wichtig für mich, diesen Weg alleine zu gehen. Etwas verdutzt und mit mulmigem

Gefühl ging ich das letzte Stück des Weges in Begleitung des Wächterhundes weiter. Nun hatte ich mich natürlich etwas blauäugig mit Minirock, Birkenstock-Sandalen und dem schweren Kamerarucksack auf diese ungewöhnliche Exkursion eingelassen, und plötzlich endete der Weg. Das bedeutete, dass ich in diesem Outfit durch das Dickicht hindurch auf den Heiau klettern musste. Da dieser Heiau als der zweitgrößte der Hawaii-Inseln bekannt ist, bedeute dies einen Aufstieg über ziemlich unwegsames Gelände und viele Lavasteine. Es ging um meine Absicht, das hatte ich bereits verstanden, und auch, dass dort oben etwas Wichtiges auf mich wartete. Der kraftvolle Ruf der Menehune war nicht zu überhören, und so blieb mir nichts anderes übrig, als weiterzugehen. Über Stock und Stein, nicht wissend, ob ich beim nächsten Schritt einbreche, kam ich schweißgebadet oben an, wo der Wächterhund mich bereits erwartete. Ein riesiger Platz voller Lavasteine, den die Menehune innerhalb einer Nacht errichtet haben sollten – da konnte wirklich nur Magie im Spiel sein. Es gab kleine Einbuchtungen mit Opfergaben, doch ansonsten schien der Heiau in Vergessenheit geraten zu sein. Soweit das Auge reichte, sah man nur dunkle Lavasteine. Plötzlich fühlte ich mich beobachtet und wurde etwas unsicher. Ich spürte jedoch gleichzeitig, dass das der geeignete Zeitpunkt war, um zu singen, suchte mir einen Platz und begann zu singen. Das Singen bewirkte eine schnelle Zentrierung, und ich fühlte, dass ich wieder in meine Kraft kam. Der Wächterhund wich nicht mehr von meiner Seite und jaulte. Es schien fast so, als ob er sich fürchtete und mich gleichzeitig bewachen wollte.

Wir beide schienen ein etwas merkwürdiges Bild abzugeben, und plötzlich, ganz unerwartet, zeigten sich die Menehune

und hießen uns willkommen. Die Menehune waren viel kleiner als in meiner Vorstellung, sie erzählten von ihrem Wirken und davon, wie sie im Laufe der Zeit in Vergessenheit geraten waren und sich dann in die Erde zurückgezogen hatten. Nur sehr wenige Hawaiianer wissen noch um die Macht und die Kraft der Menehune, mit den Elementen zu wirken, und nur noch ab und zu werden kleinere Zeremonien von Eingeweihten auf diesem Heiau gehalten.

Die Menehune hatten mich gerufen, weil sie wussten, warum ich auf die Hawaii-Inseln gekommen war, und sie baten mich, auch hier auf diesem Heiau die alte Energie mit der neuen Energie zu verbinden. Tief berührt von der Bitte dieses wissenden und kraftvollen Volkes freute ich mich darauf,

an diesem heiligen Ort wirken zu dürfen. Der Wächterhund wich nicht mehr von meiner Seite, ihm schien dies wohl alles etwas suspekt. Als ich das Ritual beendet hatte, um die alte und die neue Energie zu verbinden, leuchtete dieser Heiau einen kurzen Moment lang in einem Licht, wie ich es zuvor noch nie gesehen hatte, und es schien fast so, als ob die Lavasteine sich bewegten. Die Menehune freuten sich unbeschreiblich, und Kwa'He, einer ihrer Sprecher, sagte, dass sie mir gern ein Geschenk überreichen würden. Ich sollte mich dazu in die Mitte des Heiaus begeben und die Augen schließen. Als ich mit geschlossenen Augen in der Mitte stand, ertönte ein wunderschöner, vertrauter Ton, der dem eines Muschelhorns glich und mich sehr an Lemurien erinnerte. Als ich die Augen öffnete, ragte direkt vor mir ein großes Herz aus Stein aus dem Boden, zusammengefügt aus zwei Teilen, inmitten dieses riesigen Heiaus.

Die Menehune erklärten mir, dieses Symbol stünde für das Zusammenfügen der alten und neuen Energie, für das Zusammenfügen von männlich und weiblich, und für das zusammenfügen der Polarität. Nimm dieses Symbol in dein Herz auf und trage es in die Welt. Glücklich und tief bewegt von diesem Erlebnis machte ich mich mit dem Wächterhund an meiner Seite auf den Rückweg und trafen Aurel am Bach. Aurels rote Energiewolke hatte einen leichten rosa Schimmer bekommen, was mich keineswegs wunderte. Natürlich wusste er, wie die Begegnung mit den Menehune verlaufen war, und irgendwie wirkte er selig, wenn man das überhaupt von einem Energiewesen behaupten kann. Diese Begegnung mit den Menehune war etwas ganz Besonderes und sollte noch lange nachwirken. Am Auto angekommen, war mir etwas wehmütig ums Herz, mich von diesem Wächterhund und treuen Begleiter verabschieden zu müssen. Sicherlich hat er in dieser Nacht von der Begegnung mit den Menehune geträumt.

Botschaft der Wale

Unser Weg führte weiter entlang der Ostküste durch wunderschöne und bizarre Landschaften. Die kurvenreiche Straße entlang der Küste forderte die volle Aufmerksamkeit. Eine Fahrt, die sich auf jeden Fall lohnt. Allein der atemberaubende Blick auf das satte Grün des Halawa Valley, das in die riesigen Wasserfälle mündet, ist diese Reise wert. Als Aurel und ich auf dem Aussichtsplateau standen und unser Blick über das Tal und die Wasserfälle glitt, stellte sich eine große Zufriedenheit ein. Wir waren uns einig, ohne es auszusprechen, dass der Ausflug mit Aki, dem Eigentümer des Landes, nicht notwendig war. Ein weiteres Mal bestätigte sich, dass die mit Intuition getroffenen Entscheidungen den einfachen, richtigen Weg weisen. Glücklich und zufrieden fuhren wir den Weg langsam zurück, genossen jeden Augenblick und die beeindruckende, von den Elementen geprägte Landschaft. Zum letzten Mal fuhren wir ans andere Ende der Insel zum Pápóhaku Beach, um den Rest des Tages am Meer zu verbringen. Kaum hatte ich mein Badetuch ausgebreitet und meinen Blick auf das Meer gerichtet, entdeckte ich meine Freunde, die Wale. Sie kamen, um sich zu verabschieden. Es stimmte mich ein wenig traurig, doch ich war mir auch bewusst, dass sich das Band zwischen uns wieder erneuert und intensiviert hatte. So schaute ich lange aufs Meer hinaus, in der

Gewissheit, jederzeit, auch nach meiner Rückkehr nach Deutschland, den Kontakt zu den Walen aufnehmen zu können.

Die Wale haben mir in den vergangenen Tagen viele Botschaften übermittelt. Sie erzählten davon, dass sie als hohe Engelwesen bewusst als Wale inkarnieren, um durch ihre Töne und Gesänge das Energieniveau der Ozeane zu halten. Sie wurden über die Jahrhunderte hinweg immer wieder mit der Dualität konfrontiert, doch ihnen war bewusst, wie wichtig es war und weiterhin ist, für das Gleichgewicht der Meere zu sorgen. Das Arbeiten im Hologramm, das Verbinden der Welten und vieles mehr gehört zu ihren Aufgaben, um die Erde auf den Aufstieg in die nächste Dimension vorzubereiten. Vorkommnisse wie Ölkatastrophen, Radioaktivität oder Arbeiten, die Schallwellen auslösen, schwächen das Energiefeld der Wale und somit auch des Gleichgewicht der Meere.

Doch die wohl wichtigste Botschaft der Wale an die Menschen ist: Sie bedanken sich bei allen Menschen, die wieder bereit sind, bewusst hinzuschauen und ihr Herz zu öffnen für die Schwingung der Liebe. Durch bewusste Vergebung und Liebe kann jeder Mensch einen wichtigen Teil zur Heilung der Erde und zur Heilung eines jeden Einzelnen beitragen. So bitten sie uns Menschen: Erinnert Euch an Euren göttlichen Funken und bringt ihn wieder zum Strahlen. Dadurch erhöht Ihr selbst das Energieniveau, und die Neue Zeit hält Einzug.

Abends wollten wir nochmals im Hotelrestaurant essen und trafen dort eine deutsche Fotografin, die seit einigen Jahren auf Big Island verheiratet ist und auf Molokai eine Reportage über Buddhismus dreht. Da wir beide das Essen sichtlich genossen, geriet Aurel in außergewöhnliche Verzückung. In seiner roten Energiewolke schien ein kleines Feuerwerk förmlich zu explodieren. So verbrachten wir einen herrlichen letzten Abend am Strand von Molokai und hatten alle drei viel Spaß, obwohl die Fotografin Aurel nicht sehen konnte – ein wirklich gelungener Abschluss für die Insel des Herzens.

Der Flug nach O'Ahu und dann weiter nach Kauai ging erst mittags, sodass wir noch einen kurzen Ausflug zur Kaffeeplantage an der Route 470 machen konnten.

Die Straße führte durch eine wunderschöne, abwechslungsreiche Landschaft. Schon beim Aussteigen hüllte uns dieses angenehm duftende Kaffeearoma ein. Es gab mehrmals täglich Führungen durch die Plantage, auf die wir im Hinblick auf unseren Flug aber verzichteten. Doch der Coffee Shop war für die verbleibenden Minuten auf Molokai genau das Richtige. Erstaunlich, welch fantasievolle Produkte es rund um den Kaffee gibt, vor allem die verschiedenen Kaffeesorten und Geschmacksrichtungen. Besonders köstlich duftete der Kaffee mit Macadamia, Coconut oder Vanille.

Auch Aurel hatte seine helle Freude daran, er schien tatsächlich ein energetischer Gourmet zu sein.

Die Essenz von Molokai

Molokai wird auch »friendly isle« *(freundliche Insel)* genannt, und dies scheint zugleich das Motto der Einheimischen zu sein, an dem sie noch wachsen dürfen. Der traditionelle Hula, der erzählende Tanz, die Sprache des Herzens, hat hier auf Molokai seinen Ursprung. Regelmäßig einmal im Monat findet eine Hula-Veranstaltung statt, zu der immer viele Bewohner der umliegenden Inseln kommen. Molokai, das Herz der Hawaii-Inseln, ist energetisch dem 4. Chakra, dem Herzchakra, zugeordnet. Auf dieser Insel geht es um die Herzöffnung und um die harmonische Verbindung der Energien.

Die feine Schwingung von Kauai

Aurel amüsierte sich immer wieder über die Prozedur am Flughafen, wo alle Menschen die Jacken und Schuhe ausziehen mussten. Er erwähnte nochmals, wie sinnvoll das Personal das Sehen von Aura und Lichtkörper hier einsetzen könnte. Ich liebte ihn einfach abgöttisch für diese Klarheit und stimmte ihm von ganzem Herzen zu.

Es war schon später Nachmittag, als wir auf Kauai ankamen. Der Check-in bei der Autovermietung klappte dieses Mal reibungslos, und eine völlig andere Energie war hier deutlich spürbar. Die Menschen begrüßten uns offen und sehr freundlich. Wir fuhren weiter zu unserem Appartement in Po'ipu Beach. Unser erster Eindruck, dass es sich hier um eine wunderbar beeindruckende, sehr gepflegte Insel handelte, wurde zunehmend bestätigt. Etwas erstaunt betrachteten wir die vielen Hühner, die frei umher liefen und uns überall auf der Insel begegnen sollten. Der Weg führte weiter durch üppige Landschaften und den Tree Tunnel, umrahmt von einem eindrucksvollen Bergkamm. Es wirkte so, als ob dieser Teil der Insel vom Flughafen Lihue bis nach Po'ipu sich inmitten eines riesigen Kraters befand.

Beim Eintreffen in unserer Appartementanlage Aston Po'ipu Beach freuten wir uns über die herrlich gepflegte Anlage, ganz im amerikanischen Stil, wie auf den Hawaii-Inseln weit verbreitet. Nach einer kurzen Shopping-Tour im nahegelegenen Supermarkt setzten wir uns auf die Terrasse. Nun hatten Aurel und ich so vieles gemeinsam erlebt, und noch immer wusste ich nicht, wer er wirklich war und woher er kam. Er lächelte und gab mir zu verstehen, dass ich selbst ihn vor meinem Abflug auf die Hawaii-Inseln herbeigerufen hatte. Als er mir erklärte, dass er ein Elohim des roten Strahls sei, ein Elohim der Macht, der mich an meine Fähigkeiten und Aufgaben erinnern sollte, wurden mir im Nachhinein nochmals einige Situationen bewusst. Aurel erzählte mir, wie kraftvoll die Elohims wirken und wie sie gerade in dieser Zeit auf die Mitarbeit der Menschen angewiesen sind.

Um die vergangenen Tage mit all den unbeschreiblichen Eindrücken und Erlebnissen nochmals Revue passieren zu lassen, entschieden wir uns für einen Entspannungstag am bekannten Po'ipu Beach. Das bunte Treiben am Strand war ein Gemisch unterschiedlichster Kulturen, wobei hauptsächlich Amerikaner unter den Besuchern zu finden waren. Als besonderer Gast am Strand gesellte sich ein Seelöwe dazu,

legte sich in die Sonne und schlief vertrauensvoll ein, als ob es das Natürlichste auf der Welt sei, sich inmitten der Badegäste zu sonnen. Um den Seelöwen vor der Belästigung der Touristen zu schützen, wurde um ihn herum eine Absperrung errichtet. Dieser respektvolle Umgang mit den Tieren sollte uns noch oft auf Kauai begegnen. Diesen Tag am Strand zu erleben, war eine Wohltat, und auch Aurel genoss diese Ruhepause. Neu aufgetankt planten wir für den darauffolgenden Tag wieder eine Tour. Zum krönenden Abschluss des Tages ließen wir uns mit köstlichen Gerichten in Brenneckes Restaurant verwöhnen *(besser gesagt, Aurel schaute mir beim Essen verzückt zu)*. Ein nettes Pärchen am Nebentisch erzählte von einer geplanten traumhaften Wanderung an den Hanakópi Beach. Wir beschlossen spontan, diese Wanderung gemeinsam zu unternehmen. Aurel äußerte sich nicht dazu, auch nicht, als wir nach Hause gingen. Leider war ich wieder einmal etwas zu unsensibel, um nachzufragen.

Intuition

So fuhren wir am nächsten Tag zu viert entlang der Ostküste auf der Route 60 vorbei an Lihu'e, wo wir wunderschöne Strände sahen, und vorbei an Wailua, der Fern Grotto und an den Wailua Falls, weiter nach Kapa'a und Anahola. Aurel schwieg. Wir entdeckten immer wieder neue atemberaubende Landschaften auf dieser Route, die zum Anhalten und Verweilen einluden. Da wir eine dreistündige Wanderung zum Hanakópi Beach entlang der Klippen unternehmen wollten, blieb keine Zeit, um all diese herrlichen Landschaften mit der entsprechenden Aufmerksamkeit zu würdigen.

Über Kilauea und Hanalei kamen wir gegen 11 Uhr am Ke'e Beach in einer wunderschönen Bucht an. Wie gern wäre ich einfach ins Wasser gehüpft, doch schon wieder einmal fing es an zu regnen. Es war ein kurzer, doch sehr heftiger Schauer, und eingepackt in unsere Regenjacken (*Aurel benötigte selbstverständlich keine*), machten wir uns auf den Weg entlang der Klippen. Schnell wurde uns klar, dass es sich bei diesem Aufstieg über glitschige Felsen und aufgeweichten Boden um keinen einfachen Spaziergang handelte. Als der Regen aufhörte und die strahlende Sonne zum Vorschein kam, peitschte der Wind über die Klippen.

Das Pärchen hatte bereits auf der Fahrt angefangen, sich zu streiten, und allmählich schien der Streit zu eskalieren.

Nun drehte sich der Mann einfach um und ließ seine Frau, Aurel und mich stehen. Die Frau wurde ein wenig hektisch und murmelte, sie würden unten auf mich warten, und lief ihm nach. Ein Blick auf Aurel genügte – durch sein Schweigen am Vorabend hatte er mir bereits deutlich einen Hinweis auf eine weitere Lektion gegeben. Obwohl ich nicht wusste, ob das Pärchen tatsächlich auf uns wartete, fühlte es sich nicht stimmig an, umzudrehen.

Mit einem sehnsüchtigen Blick auf die wunderschöne Bucht mit türkisblauem Wasser gingen Aurel und ich weiter. Bepackt mit dem großen Rucksack und der Kameraausrüstung kletterte ich auf diesem schlammigen, steinigen Weg weiter. Scharenweise rutschten die Menschen auf dem schlammigen Weg aus und sahen teilweise aus, als ob sie sich an einer Schlammschlacht beteiligt hätten. Der Weg war durch den vorangegangenen starken Regen extrem aufgeweicht, und meine Hoffnung, das Ziel ohne Sturz zu erreichen, schwand mit jedem Meter. Aurel schwebte neben mir und fragte mich: Was ist dein Ziel? Fast wäre ich ausgerutscht. Ich sah ihn an und antwortete spontan: In diesem herrlichen türkisblauen Wasser zu schwimmen.

Es war erstaunlich, nach einer Stunde und zwanzig Minuten festzustellen, dass ich von Anfang an nur in dieses türkisblaue Wasser hatte eintauchen wollen. Aurel wusste sehr genau, wie wichtig diese Erfahrung für mich war. Es ging wieder einmal darum, auf die Intuition zu hören und ihr einfach zu folgen. In Lemurien hörten die Menschen hauptsächlich auf ihre Intuition, sie kommunizierten auf der Herzensebene.

Der Ausblick von diesen Klippen war traumhaft, doch nichts konnte mich nach dieser Erkenntnis davon abhalten, schleunigst zu dieser Bucht zu gelangen. Mit etwas Glück und der

Unterstützung Aurels überstand ich den Rückweg ohne Sturz. Erst dann fragte ich mich, ob das Pärchen tatsächlich gewartet hatte, doch ich wollte mir keine Gedanken über die möglichen Folgen machen. Heilfroh, dass ich unversehrt am Strand angekommen war, entdeckte ich die beiden, die innig im Sand lagen, und mir fiel ein Stein vom Herzen. Erfreut winkten sie und berichteten von den spannenden Entdeckungen beim Schnorcheln. Diese Bucht mit dem vorgelagerten Riff und der tosenden Brandung lädt förmlich zum Schwimmen ein und ist ein wahrhaftiges Paradies zum Schnorcheln. Welch Genuss, nach solch einer Wanderung ins Wasser zu springen und sich von der Sonne trocknen zu lassen. So lagen wir allesamt am Strand, Aurel schwebte hin und wieder übers Wasser, und wir ließen den Nachmittag sanft ausklingen. Meine Lektion für diesen Tag hatte ich gelernt, und ich bat darum, die Stimme meiner Intuition möge sich zukünftig klarer und lauter bemerkbar machen. Oftmals ist es hilfreich und wichtig, nochmals eine klare Absicht zu formulieren.

Die Sonnenstrahlen wurden schwächer, und wir verspürten ein leichtes Hungergefühl und packten unsere Sachen, um auf dem Rückweg in einem uns empfohlenen Restaurant essen zu gehen. Unterwegs gab es so viele spannende Dinge zu entdecken: eine riesige Grotte, vor die Menschen wie kleine, winzige Punkte wirkten und kaum mehr zu sehen waren, und ein herrlicher Regenbogen, der uns den Weg erleuchtete. Die Empfehlung, in Hanalei im Schoolhouse Gourmet essen zu gehen, stellte sich als eine wunderbare heraus. Das Pärchen hatte die Zeit genutzt, um sich wieder zu versöhnen. Welch Glück – so konnten wir dem Abend und der Rückfahrt entspannt entgegensehen. Aurel schien dieses Restaurant beson-

ders zu gefallen; er blieb an einem Tisch stehen. Dort saß ein kleines Mädchen, das wie ein Engel aussah. Es blickte plötzlich zu Aurel und fing an, mit ihm zu reden. Die Eltern des Mädchens schienen dies nicht zu bemerken, und auch sonst niemand im Restaurant. Je länger die Unterhaltung dauerte, desto heller leuchtete die Aura des Mädchens, und Aurels Aura bekam wieder diesen ganz zarten rosa Hauch.

Dankbar für das leckere Essen bummelten wir noch ein wenig durch Hanalei und freuten uns über die netten Shops und das schöne, liebevoll gepflegte Städtchen. Aurel schwebte neben mir, und eine Frage brannte mir auf den Lippen: Können Elohims sich auch verlieben? Aurel lächelte und schwebte davon. Zwischenzeitlich war es schon dunkel geworden, es fing an zu regnen und wir machten uns auf den Heimweg. Das Pärchen lieferte uns in der Appartementanlage ab, und wir dankten uns gegenseitig für den schönen Tag und verabredeten uns auf locker auf einen Drink.

Die Essenz des Vortages hatte ich verstanden, und mit dem Vorsatz, mehr auf mein Herz und die Impulse zu hören, stand ich sehr früh auf und lief alleine am Strand entlang. Dort lag ein riesige schlafende Schildkröte. Ich ging weiter, um im benachbarten Hotel meine E-Mails abzufragen. Frühmorgens am Strand entlangzugehen, während dem neuen Tag Leben eingehaucht wird und er sich langsam entfaltet, hat eine ganz besondere Qualität. Auf dem Rückweg schlief die Schildkröte hinter einer Absperrung immer noch am Strand, und ich wusste, dass sei sich immer noch am selben Ort befinden würde, wenn ich am Nachmittag wieder mit meiner Kamera vorbei käme. So ging ich ganz entspannt zum

Appartement, freute mich auf Aurel und auf das Frühstück mit dem köstlichen nach Kokos duftenden Kaffee und der großen saftigen Ananas. Während der Frühstückszubereitung schwebte Aurel durch die Terrassentür ins Wohnzimmer. Wo er wohl wieder gewesen war?

Nach dem Frühstück fuhren wir zum Spounting Horn am Ende der Lawa'i Road. Die Meeresbrandung schießt durch einen unterseeischen Lavatunnel und wird als große Fontäne mit lautem Getöse wieder ausgestoßen. Ein spannendes Naturschauspiel, welches natürlich auch viele Touristen anzieht. Ganz in der Nähe befindet sich der Pacific Tropical Botanical Garden. Doch Aurel und mir stand der Sinn ganz und gar nicht nach einer Führung durch diesen Garten. Viel spannender schien der Heiau ganz in de Nähe. Er stand in einer sehr gepflegten Anlage, und überall tummelten sich geschäftige Hawaiianer, doch leider war das Betreten hier nicht erwünscht. Das Monument von Prince Kuhio's Birthplace überragte den Platz. Dieser Ort strahlte eine wundervolle Ruhe aus und zeigte mir, mit welcher Hingabe und Liebe hier alles gehegt und gepflegt wird. Irgendetwas gab es noch zu entdecken, das spürte ich deutlich. Ich drehte mich um, blickte aufs Meer und entdeckte einen wunderschönen Meditationsplatz, der sehr einladend wirkte. Mein Blick schweifte weiter, und inmitten der großen schwarzen Lavasteine lag ein Seelöwe und sonnte sich genüsslich. Auch hier, fernab vom Tourismus, lag er inmitten einer Abgrenzung. Es ist faszinierend, wie außerordentlich achtsam die Hawaiianer auf Kauai mit den wildlebenden Tieren umgehen. Es war schwer vorstellbar, wie sich

dieser Koloss über die Lavasteine geschoben hatte, um den Platz an der Sonne einzunehmen.

Die Botschaft des Seelöwen: Er gilt als Engel des Wassers und fordert Dich auf, eine Reise zum eigenen Ursprung zu machen, ins Urvertrauen zu gehen.

Die Liebesenergie von Kauai

Aurel forderte mich auf, mich auf den Meditationsplatz zu setzten. Er stellte sich hinter mich, und wie auf Knopfdruck liefen die Bilder vor mir ab. Kauai ist eine der ältesten Inseln

Hawaiis und die lemurische Energie ist sehr kraftvoll und überall deutlich spürbar. Hier haben keine Kriege stattgefunden – wie könnte das auch sein, die Insel ist in helles Licht getaucht und schwingt in der absoluten Liebesenergie. Alle Wesen, ob Mensch, ob Tier, Pflanze oder Energiewesen, begegnen sich auf Kauai auf der Herzensebene. Die alte Energie Lemuriens und die Energie der Neuzeit fließen auf Kauai schon lange harmonisch ineinander. Männliche und weibliche Energie sind miteinander verschmolzen und wirken gemeinsam. Bei all diesen Bilder und Informationen dehnte sich mein Herz immer weiter aus, um diese tiefe Liebesenergie zu Allem was ist einfließen zu lassen. Aurel zeigte mir, dass meine Aufgabe auf Kauai lediglich darin bestand, mein Herz soweit wie möglich zu öffnen, die Liebesenergie zu speichern und sie überall dort, wohin mein

Weg mich führen würde, wieder verströmen zu lassen. Auch sollte ich mich ganz bewusst für die Botschaften der Tiere und Naturwesen öffnen.

In tiefer Dankbarkeit für diese Botschaften schlug ich die Augen auf, um festzustellen, dass der Seelöwe uns die ganze Zeit über beobachtet hatte. Auf dem Rückweg zum Appartement erzählte ich Aurel von der schlafenden Schildkröte, die mir am Morgen am Strand begegnet war und deren Ruf ich vernahm. Ich packte schnell die Kamera ein und hatte keine Zweifel, dass die Schildkröte immer noch am selben Ort lag und schlief. Als ob sie mich erwartet hätte, öffnete sie kurz die Augen um mir mitzuteilen: Schön, dass du wieder da bist. Solche Begegnungen und Momente sind wahrhaftig außergewöhnliche Geschenke, die jedem Menschen offenbart werden, sobald er sich wieder dafür öffnet.

Die Botschaft der Schildkröte: Sie steht Dir als alte weise Lehrerin beiseite und zeigt Dir den Weg des Friedens und der Geduld. Sie schafft die Verbindung zwischen Wasser und Erde und lehrt Dich Deinem Weg der Selbstmeisterung zu vertrauen. Ziehe Dich zurück, um Dir selbst den Raum zu gönnen, den Du brauchst, um Deine mitgebrachten Kräfte und Fähigkeiten und Dein Wissen wiederzuentdecken und endlich zu leben.

Die Zeit verflog wie im Nu. Es war schon wieder später Nachmittag, und dem Rat der Schildkröte folgend, legte ich mich an den Strand, denn mein Körper lechzte förmlich nach Sonne und dem angenehmen, weichen Wassers des Pazifiks. In der Sonne liegend ließ ich den Tag Revue passieren und empfand eine tiefe Dankbarkeit für all das Erlebte.

Zum Dinner hatten wir uns in das uns mehrfach empfohlene Keoki's Paradise Restaurant im nahe gelegenen Po'ipu Shopping Village mit dem Pärchen verabredet. Es erwartete uns ein wirklich schönes Ambiente mit Live-Musik, leckeren Cocktails und köstlichem Essen. Es war schön, das Pärchen in dieser Liebesschwingung wahrnehmen zu dürfen. Sie erzählten, dass sie sich kurz vor der Reise trennen wollten und auf Kauai wieder zusammen geführt wurden. Aurel schwebte zur Bar, um sich dort mit einem alten Hawaiianer zu unterhalten, der wie aus dem Nichts aufgetaucht war.

Auf dem Rückweg schlug mir Aurel vor, am nächsten Tag zum Waimea Canyon zu fahren. So fuhren wir frühmorgens auf der Route 50 nach Waimea. Waimea bedeutet auf hawai-

ianisch »rötliches Wasser« und hat seinen Namen der roten Vulkanerde zu verdanken. Sehr beeindruckend, wie sich diese Landschaft veränderte. Auf der rechten Seite öffnete sich der Blick in den Canyon, und links sah man auf die Küste und auf die gegenüberliegende Insel Ni'ihau *(verbotene Insel)*. Eine Neuseeländerin kaufte 1860 die Insel vom hawaiianischen König. Seit über 150 Jahren dürfen keine Fremden diese Insel betreten. Es leben fast ausschließlich reinblütige Hawaiianer im traditionellen Lebensstil ohne Elektrizität und ohne moderne Kommunikationssysteme auf Ni'ihau. Nur wenige Menschen mit Sondergenehmigung dürfen diese Insel betreten. Da Ni'ihau energetisch für das siebte Chakra, das Kronenchakra, steht, ist lediglich zu erahnen, wie klar und rein die Energie dort sein muss und wie wichtig es ist, diese Energie zu halten. Der Blick auf Ni'ihau und die leuchtende Aura hatte etwas Faszinierendes.

Doch unser Weg führte weiter, und mein Blick glitt abwechselnd von rechts nach links, als plötzlich ein frei laufendes Pferd auftauchte und uns anstarrte. Das Pferd ist Aloha zugeordnet und somit der reinen Liebesenergie. Glücklich über diese Botschaft fuhr ich mit Aurel an meiner Seite entlang des Canyons, vorbei an roten Felsen, die sich zu einem gigantischen Felsmassiv erhoben. Der erste atemberaubende Panoramablick auf dem Iliau Nature Loop mit seinen tiefen Schluchten und Seitentälern lässt nur erahnen, welche Naturgewalten hier seit Jahrhunderten am Wirken sind. Auch die weiteren Aussichtspunkte im Waimea Canyon, der wegen seiner gigantischen Ausmaße auch »Grand Canyon of the Pacific« genannt wird, hinterlassen einen unvergesslichen Eindruck. Selbst in diesen Höhen tauchten immer wieder die bunten Hühner auf. Es sind die Nachkommen der polynesischen Jungle Fowl, die aus Tahiti mitgebracht wurden. Hühner stehen als Symbol für die Fruchtbarkeit und Vitalität und helfen, Dämonen auszutreiben. Vorbei am Museum des Kokee State Parks und den Camps ging es weiter auf einer Straße, die aufgrund der zahlreichen, tiefen Schlaglöchern äußerste Konzentration erforderte und zum Kalalao Lookout führte.

Nach einem kurzen Fußweg eröffnet sich ein traumhafter Blick auf die Na'Pali Coast. Plötzlich tauchte eine Menschenansammlung festlich gekleideter Hawaiianer auf, die anscheinend etwas zu feiern hatten. Mein Blick schweifte umher, und schon entdeckte ich die strahlende Braut in der Menge. Wie schön war es und von welch wundervoller Symbolik, an unserem letzten Tag auf Kauai eine hawaiianische Hochzeit auf dem Kalalau Lookout erleben zu dürfen. Aurel erinnerte mich daran, dass besonders dieser letzte Tag erfüllt von Aloha war und ich alle Liebesschwingungen aufnehmen sollte, um sie später wieder ausströmen zu lassen.

Ängste transformieren

Die Straße mündete nach eineinhalb Kilometern in mehrere Fußwege entlang der Na'Pali Coast. Es war herrlich, diese leuchtenden Farben, die rote Erde, den strahlend blauen Himmel und das türkisfarbene Wasser mit den kleinen weißen Segelbooten anzusehen. Da ich mich jedoch entschieden hatte, nochmals eine längere Wanderung auf den Awa'awapuhi Trail zu machen, setzten Aurel und ich uns ins Auto und fuhren die Strecke bis dahin zurück. Als wir auf den Parkplatz einbogen, war weit und breit keine Menschenseele zu sehen. Mit Rucksack und Kamera bepackt stolperte ich auf dem steil abfallenden Weg über die Wurzeln und fühlte mich ständig beobachtet. Ich sah mich um, doch Aurel war nirgends zu sehen. Der Weg schien nicht enden zu wollen, und der Blick auf die Uhr zeigte mir an, dass ich schon seit fast eineinhalb Stunden unterwegs war. Ein merkwürdiges, mulmiges Gefühl breitete sich in mir aus, rings herum verschwamm die Landschaft. Taumelnd setzte ich mich hin und empfand eine unbeschreibliche Angst des Verlassenseins. Plötzlich stand ich neben mir und sah mich ängstlich am Boden kauern. Beim Betrachten dieses Bildes verstand ich, was

hier geschehen war. Mein Verstand hatte in einem verzweifelten Versuch ein Szenario erschaffen, das mich in diese Angst führte. Ängste werden durch entsprechende Gedanken und Erinnerungen vom Verstand erschaffen. Ängste sind lediglich ein Konstrukt unserer Gedanken, ein Kreation unseres Verstandes. Gehen wir bewusst durch diese Angst, löst sie sich auf, und das Gedankenkonstrukt zerfällt. Ängste sind oftmals Blockaden, die wir uns selbst auferlegt haben. In diesem Moment des Erkennens stand Aurel neben mir, lächelte und hüllte mich in seine liebevolle Energie ein. Er war die ganze Zeit über in meiner Nähe gewesen, genauso wie die Menehune, die mich bei diesem Prozess liebevoll begleiteten. Aurel gab mir eine sehr einfache Erklärung für diese Situation: Dort, wo eine hohe Liebesenergie herrscht, kann sich keine niedrige Schwingung halten, wie zum

Beispiel die Angst. Die niedrigen Schwingungen kommen an die Oberfläche, um geheilt und transformiert zu werden, und genau darin bestand meine Lektion.

Übung zur Transformation

Visualisiere eine violette Flamme und gebe alles, was dir nicht mehr dienlich ist, in diese violette Flamme hinein und bitte um Transformation. Dies können Ängste sein, Zweifel oder auch alte, dir nicht mehr dienliche Muster. Spüre, wie sich durch das Übergeben der nicht mehr dienlichen Energien an die violette Flamme eine große Leichtigkeit ausbreitet. Arbeite so lange mit der violetten Flamme, wie du es selbst für notwendig erachtest.

Notfallkombination

Rufe den Engel der Gnade, der »Don'adas« oder auch »Grace« genannt wird, und bitte ihn, er möge dich umgehend in sein schützendes Licht einhüllen. Spüre, wie das silberne Licht dich einhüllt, in welcher Situation du dich auch immer befindest. Bedanke dich bei dem Engel der Gnade.

Am Auto angekommen sah ich Aurel an und wusste, dass wir zum Meer fahren würden, um die vorangegangene Lektion nachwirken zu lassen und uns nochmals zu reinigen. Wir fuhren nach Kekaha, und ich freute mich wie ein kleines Kind auf das Meer, auf diesen traumhaften, kilometerlangen, weißen, fast menschenleeren Sandstrand. Intuitiv hielt ich an einer ganz bestimmten Stelle. Als wir das Auto abstellten und die Düne überquerten, wurde sofort sichtbar, warum. Mitten auf dem kilometerlangen Sandstrand lag ein Seelöwe innerhalb einer Absperrung. Er räkelte sich am Strand, patschte sich mit seinen Flossen immer wieder ins Gesicht und genoss das Sonnenbad in vollen Zügen. Es war einfach köstlich, ihm zuzusehen: Er war frei von allem, er war einfach nur da. Aurel und ich suchten uns einen Platz in der Nähe des Seelöwen, um diese beiden letzten Stunden am Meer zu verbringen, die reinigende Energie förmlich aufzusaugen und in jeder einzelnen Zelle des Körpers zu speichern, um lange davon zehren zu können. Draußen auf

dem Meer tauchte ein weiterer Seelöwe auf. Obwohl dieser Strand kilometerlang war und genügend Platz bot, hielt die Stille nur kurz an. Eine Horde hawaiianischer Kinder stürzte sich mit ihren Boards in die Brandung. Ein großer Pick-up parkte direkt neben meiner Badematte, und ein junges Liebespärchen mit einem kleinen, grauen, süßen Hundewelpen sprang heraus. Mit der Stille war es definitiv vorbei, doch hatte dieses bunte Treiben der Hawaiianer, diese unbändige Freude, etwas ganz Besonderes und bereitete sowohl Aurel als auch mir großen Spaß beim Zusehen. Da war sie wieder, die tiefe Begegnung auf der Herzebene. Die Liebe der Hawaiianer zu ihren Familien, zu ihrem Land, zu den Tieren, zu Allem was ist erfüllte diesen Strand und hüllte auch uns ein. Tief in Gedanken versunken, spürte ich, wie diese Liebesschwingung sich in meinem Körper ausdehnte, als plötzlich eine feuchte Hundezunge voller Begeisterung quer über meinen Körper glitt. Ich öffnete meine Augen und blickte in zwei strahlende blaue Augen. Aurel und ich lachten, denn das war die reine Liebesenergie, die sich hier zeigte. Seine Liebe und Freude schien unermesslich zu sein, denn immer wieder aufs Neue glitt seine Hundezunge über einen Teil meines Körpers. Aloha in reinster Form.

Die Essenz von Kauai

Eine wunderschöne, abwechslungsreiche Insel, die ihrem Namen »Garden Island« *(Garteninsel)* alle Ehre macht. Als älteste der hawaiianischen Inseln hat sie sich die lemurische Schwingung der Liebe erhalten. Kauai ist energetisch dem 6. Chakra, dem Stirnchakra, zugeordnet und öffnet die Welt der Visionen. Sie ist die Insel des Lichtes und der Liebe, hier fließen alte Energie und neue Energie, männliche und weibliche Energie, harmonisch ineinander. Die Freude über Alles, was ist ist auf Kauai spürbar, auch in den kleinsten Nuancen.

Die Hawaii-Inseln bieten sehr viel mehr, als wir es aus den unterschiedlichsten Reiseberichten und Erzählungen kennen. Überall ist dieser zarte Hauch von Aloha zu spüren und die Sprache des Herzens zu vernehmen. Jeder Tag auf diesen vier unterschiedlichen Inseln war angehäuft mit Erlebnissen, Erkenntnissen und vielen Erinnerungen.

Das Wissen, um die alte Energie mit der Energie der Neuen Zeit zu verbinden, um wieder im Einklang mit der Natur, den Elementen und allen Lebewesen in Liebe, Frieden und Vertrauen zu leben, ist für mich der »Große Geist Lemuriens«, der auf den Hawaii-Inseln weiterlebt.

Die Rückreise

Naiv, wie ich war, glaubte ich tatsächlich, die Begegnungen und Erlebnisse der letzten drei Wochen seien nichts Besonderes, sondern nur einfach ein wenig anders. In den vergangenen Jahren gab es viele magische Momente, viele magische Orte und Initiationen, die richtungsweisend meinen Weg ebneten und mit dem Schwert der Klarheit mein Bewusstsein öffneten. Doch dieses Mal hatte ich meinen treuen Begleiter Aurel mitgebracht, und außerdem die Aufgabe, das Herz der Menehune in die Welt zu tragen, um damit die Menschen in ihren Herzen zu berühren.

So flog ich über San Francisco zurück nach Frankfurt, nicht ahnend, welche Welle durch den Kontakt mit den Menehune, oder besser gesagt, durch die Erinnerung an meine lemurischen Wurzeln, ausgelöst wurde.

Auf dem Flug nach San Francisco setzte sich eine ältere Hawaiianerin neben mich. Eingehüllt in eine intensive Duftmischung, die an Jasmin und Tuberrose erinnerte, begrüßte sie mich mit einem strahlendem »Aloha«. Ihr Hals war geschmückt mit einer wunderschönen Muschelkette und einer langen Kette aus Kukuifrüchten, die oftmals zu Ritualen getragen wird. Sie war eine wohlgenährte, beleibte Frau. Trotz ihrer körperlichen Fülle bewegte sie sich in ihrem Kleid mit den großen bunten Blumen sehr grazil und leicht wie eine Feder. Nachdem sie in Windeseile ihre Taschen und Utensilien verstaut hatte, setzte sie sich neben mich und erzählte, dass sie zuerst irgendwo anders sitzen sollte. Doch als sie einchecken wollte, tauchte Aurel plötzlich am Counter auf

und stellte sich ihr kurz vor. Genaueres wollte sie mir nicht erzählen. Sie lächelte und schilderte mir die Verwirrung der Airline-Mitarbeiterin, deren Buchungen und Sitzplätze im Computer völlig durcheinander geraten waren. Die Mitarbeiterin entschuldigte sich für das Unerklärliche und wies ihr einen neuen Sitzplatz direkt neben mir zu. So hatte Aurel dem Schicksal mal wieder etwas nachgeholfen und mir ein großes Geschenk gemacht, wie sich zu einem späteren Zeitpunkt noch herausstellen sollte.

Aurel wusste natürlich, dass mir der Abschied von den Hawaii-Inseln schwer fiel, doch in dem Moment, als Doreen, so hatte sich die Hawaiianerin vorgestellt, sich neben mich setzte, wurde der Raum um mich herum von einer prickelnden Leichtigkeit erfüllt. Doreen erzählte glücklich von ihrer Familie, von den beiden Söhnen, den Schwiegertöchtern, den fünf Enkelkindern, ihrem Mann und dessen deutsche Vorfahren. Auch hier war wieder alles durchdrungen von Aloha – die Schwingung der Liebe breitete sich in jedem ihrer Sätze aus. Etwas überraschend drehte sie sich um, schaute mir tief in die Augen, als ob sie direkt in mein Herz schauen konnte, und fragte mich, was ich auf die Hawaii-Inseln mitgebracht hatte und was ich mitnehmen würde. Obwohl ich sicher war, das Doreen mit diesem einen tiefen Blick in mein Herz, in meine Aura, eine ganze Menge an Informationen bekommen hatte, hörte ich mich wie selbstverständlich drauflosplappern.

Der Trennungsschmerz Lemuriens

Schon beim ersten Augenkontakt mit Doreen breitete sich großes Vertrauen zwischen uns aus, zumal Aurel diese Begegnung herbeigeführt hatte. Im Laufe unseres Gesprächs verblasste unser Umfeld, es schien einfach nicht mehr vorhanden zu sein. Doreen nahm meine Hände und gab mir einen hellen Stein, mit den Worten: Öffne dich für die Erinnerung. Blitzschnell wurden wir beide durch eine blaue Spirale in ein anderes Energiefeld katapultiert. Das Feld der Erinnerung hatte uns in eine kleine Bucht mit hellem Sand und vielen runden Steinen gebracht. Überall gab es die kleinen, vorgelagerten Klippen, umgeben von klarem, türkisblauen Wasser. Große Wasserschildkröten versuchten mühselig, gegen die Wellen an Land zu gelangen.

Ich sah Doreen an, und aus der älteren, etwas fülligen Hawaiianerin war eine große, ungefähr zwanzigjährige Frau mit athletischem Körper und goldfarbenem Teint geworden. Beim Betrachten meines Körpers stellte ich fest, dass auch mir eine Verjüngung zuteil geworden war. Die Erinnerung hatte uns nach Lemurien geführt. Ein angenehmer und vertrauter Duft lag in der Luft. Wie selbstverständlich nahm ich Doreens Hand und lief mit ihr ins Wasser. Wir schwammen einige wenige Meter, da sprangen sie auch schon vor uns aus dem Wasser, unsere alten Freunde und Wegbegleiter, die Delfine. Beim Ein- und Auftauchen glitzerten die Wasserperlen auf ihren wunderschönen glatten Körpern wie tausende funkelnder Sterne. Sie stupsten uns an und forderten uns auf, mit ihnen zu spielen. Lachend und glücklich über ihre verspielte

Ausgelassenheit wählten Doreen und ich jeweils einen Delfin aus. Wir nahmen auf seinem Rücken Platz, hielten uns an der Rückenflosse fest und reihten uns so in das Spiel mit den anderen Delfinen ein. Wie sehr ich dieses heitere Spiel mit den Delfinen liebte. Wir tauchten tief ins Wasser ein und sprangen hinauf in schwindelnde Höhen. Der eine oder andere Delfin drehte seine Pirouetten, um dann wieder in das erfrischende Wasser einzutauchen.

Plötzlich ließ mich ein schriller Ton bis tief ins Mark erzittern. Panische Angst breitete sich aus. Olba, mein Delfin, tauchte tief in eine Höhle inmitten der vorstehenden Klippen, direkt dahinter Doreen mit den restlichen Delfinen. Die Höh-

le war mit hellen Kristallen übersät, die durch wenige einfallende Sonnenstrahlen aufleuchteten. Doreen und ich kletterten zitternd auf die leuchtenden Kristalle. Die Delfine blieben ganz nah bei uns und drehten aufgeregt ihre Runden im Wasser. Große Angst und ein tiefer Schmerz hatte die Leichtigkeit im Bruchteil einer Sekunde vertrieben. Die Erinnerung an diese schrecklichen Momente der gewaltsamen Trennung von männlicher und weiblicher Energie war plötzlich wieder so präsent in meinem Bewusstsein, als ob sie gerade erst stattgefunden hätte. Jahrelang hatte ich mich immer nach meinem Gegenstück gesehnt und war felsenfest davon überzeugt, dass er mir irgendwann gegenüberstehen würde. Doch bevor dies geschehen konnte, durfte ich mir mit Hilfe von Doreen durch das Eintauchen in die noch tiefer liegende Erinnerung den Ursprung dieses Schmerzes erfahren.

Das Spielen mit den Delfinen, das Dahingleiten auf ihrem Rücken im Wasser, war damals in Lemurien eine der Lieblingsbeschäftigungen von Siron, meinem männlichen Gegenstück, und mir. Viele andere teilten diese Freude und tummelten sich gleichzeitig mit uns im Wasser. Jedes Wesen gab Töne von sich, selbst das Wasser schien in einer ganz speziellen Art zu klingen. Das Ziel dieses Spiels war es, die unterschiedlichsten Töne in einen Gleichklang zu bringen und somit jede einzelne Zelle in Vibration zu versetzen. Dies bewirkte eine äußerst effiziente Reinigung eines jeden Wesens, und somit eine Stabilisierung des Energiefeldes.

Doch dieses Mal war die Freude überschattet von einer übermächtigen Schwere. Seit dem Aufprall der dunklen Energie bewegten sich große, dunkle Schatten über Lemurien und versuchten, ein gewaltiges Kontrollsystem aufzubauen. Siron

und ich glitten mit unseren Delfinen durchs Wasser, hielten uns lachend an den Händen und tönten aus tiefster Seele, als ein ohrenbetäubender, schriller Ton unsere Körper erzittern ließ und wie durch plötzlich auftauchende, dichte Nebelschwaden das Bewusstsein ausschaltete. Niemand vermag zu sagen, wie lange es dauerte, bis lautes Stöhnen und hilfloses und schmerzvolles Weinen ringsherum mich ins Bewusstsein zurückholte. Es bot sich ein erschreckender Anblick: Alle Frauen und Mädchen suchten verzweifelt nach ihren Männern. Doch weit und breit war kein Mann zu sehen, sie waren uns von den dunklen Schatten entrissen worden, um so das große Spiel der Dualität zu beginnen. Tränen kullerten über meine Wangen und schienen sich in einen riesengroßen See des Schmerzes zu ergießen.

Die Stewardess schüttelte mich sanft und ermahnte mich, den Sicherheitsgurt anzulegen, da wir in starke Turbulenzen geraten waren. Es dauerte einige Minuten, bis ich endlich begriffen hatte, wo ich mich tatsächlich befand. Doreen saß neben mir, schaute mich liebevoll an und hielt meine Hand. Sie hatte mich durch diese gesamte Erinnerung begleitet, zurück zu dem Ursprung des Trennungsschmerzes, der noch bei vielen Menschen tief im Herzen verwurzelt ist und jetzt geheilt werden darf. Doreen erklärte mir, dass die Heilung dieses tiefen Trennungsschmerzes nur durch mich selbst geschehen könne. Bilder einer wundervollen Heilungs- und Vergebungszeremonie kamen mir in den Sinn. Doch Doreen hielt mich zurück und sagte, da es sich hierbei nicht nur um meinen Schmerz handelte, sondern um einen kollektiven Schmerz, den viele Menschen in sich tragen, wäre es notwendig, sorgfältig den richtigen Ort für das Heilungsritual auszuwählen. Dabei sei es wichtig, die Vergebung und die Dankbarkeit für all das, was wir daraus lernen durften, in die damalige Situation fließen zu lassen, um dann die Liebe einströmen zu lassen.

Während des restlichen Fluges saßen wir schweigend nebeneinander. Jedes weitere Wort wäre zu viel gewesen, nach diesem Rückblick und der Gewissheit dieser liebevollen Vertrautheit, die uns seit langer Zeit verband. Doch die Gedanken und Erinnerungen der vergangenen drei Wochen schienen sich nun wie einzelne Puzzleteilchen in einem großen Bild zu ordnen. Das Wiedersehen mit Doreen nach so langer Zeit war ein großes Geschenk für mich. Als wir uns auf dem Flughafen in San Francisco verabschiedeten, blieb Doreen nur wenig Zeit zum Anschlussflug nach Montreal.

Wir wussten in unserem Inneren, dass wir uns bald wiedersehen würden, fassten uns an den Händen und legten Stirn an Stirn, so wie es damals in Lemurien üblich war. Jetzt bist du bereit, deine Lebensaufgabe anzunehmen, sagte Doreen lächelnd, drehte sich um und verschwand als immer kleiner werdender Lichtpunkt in der Menge.

Auch der Rückflug nach Frankfurt verlief schweigend. Der Platz neben mir war frei, und so tauchte Aurel ab und zu auf, schaute mich an und verschwand wieder. Wie in einem Vakuum liefen in meinem Inneren Bilder ab und schienen sich immer wieder neu zu ordnen, um den richtigen Platz in dem großen Bild einzunehmen. Das erfüllte mich mit tiefem Frieden. Aus diesem Frieden heraus drängte sich eine Frage an die Oberfläche: Worin genau besteht meine Lebensaufgabe? Aurel, der plötzlich wieder neben mir saß, erklärte: Deine Lebensaufgabe ist es, in alles, was du tust, die Heilenergie einfließen zu lassen, so wie es bereits auf den Hawaii-Inseln geschehen durfte. Du bist hier auf der Erde, um die Teile wieder zusammenzufügen, die alte und die neue Energie zu verbinden, und dafür stehen dir viele Möglichkeiten zur Verfügung. Erinnere dich daran und heile, wo immer es der Heilung bedarf.

Dichte Nebelschwaden

In diesem Moment glich mein Körper einem großen Gong, der durch Aurels Worte angeschlagen und in Vibration versetzt wurde. Diese Vibration hielt die gesamte Flugdauer an. Sie

wirkte auch noch während der ersten drei Wochen nach meiner Rückkehr in Frankfurt nach. In dieser Zeit war es mir nicht möglich, einen klaren Gedanken zu fassen. Ich erlebte den Alltag wie durch dichte Nebelschwaden, die mich gefangen hielten. Es war eine große Herausforderung, die Erlebnisse, die Erinnerungen und die vielen feinstofflichen Energien zu integrieren und gleichzeitig im alltäglichen Leben den Anforderungen gerecht zu werden. Aurel beobachtete diesen Spagat zwischen Feinstofflichkeit und Alltag. Er sah auch, wie meine Energie von Tag zu Tag schwand, und forderte mich auf, ans Wasser zu gehen, um mich zu reinigen, so wie wir es immer auf den Hawaii-Inseln getan hatten. Ganz in der Nähe meines Heilzentrums gab es einen Bach, der für eine Reinigungszeremonie wunderbar geeignet war. Kaum war ich dort angekommen, bat ich die Elohims der Reinigung, mich in ihren weißen Strahl einzuhüllen und zu reinigen.

Übung

Öffne dich in der Gewissheit, dass die Elohims des weißen Strahls dir den Raum schaffen und den Schutz bieten, damit du dich reinigen kannst. Spüre, wo in deinem Körper die Verspannungen sitzen, und lenke deine Aufmerksamkeit auf diese Stellen. Mit jedem Atemzug nimmst du frische, reine Energie auf und leitest sie bewusst zu den Verspannungen. Alles, was die Verspannung an dieser Stelle hat entstehen lassen, darf jetzt mit einem Ton oder einer Silbe kräftig ausgeatmet werden. Ganz so, wie es sich gut für dich anfühlt. Praktiziere diese Atemtechnik so lange, bis die Verspannung spürbar nachlässt oder sich gänzlich löst.

Das Energiefeld ausdehnen

Es waren ungefähr zehn Minuten vergangen, als ich den Impuls verspürte, noch ein Stück des Weges an dem Bach entlangzugehen. Diese Übung hatte wieder einmal kleine Wunder bewirkt, und ich spürte, wie gleichmäßig die Energie floss und

wie klar die Gedanken und Impulse sich wieder bemerkbar machten. Mein Blick schweifte umher, und ich entdeckte ungefähr 30 Meter vor mir direkt auf dem Weg ein Eichhörnchen. Aloha, ich teile die Schwingung der Liebe mit dir, erklang es aus meiner Seele. Da war es wieder, dieses wunderbare Gefühl, das das Herz zum Hüpfen bringt. Je tiefer ich in dieses Gefühl eintauchte, desto näher kam das Eichhörnchen. Erstaunt blieb ich stehen und dehnte dieses Gefühl ganz bewusst aus. Ich beobachtete stillschweigend das Eichhörnchen, wie es fast auf mich zu rannte, um sich dann wie selbstverständlich direkt neben meinen linken Fuß zu setzen, als ob das etwas ganz Selbstverständliches wäre. Ich war sprachlos, und mein Blick glitt entlang meines linken Beines nach unten. Ich glaubte für den Bruchteil einer Sekunde, die untere Hälfte eines Engelflügels wahrzunehmen, unter dessen Schutz dieses wunderschöne Geschöpf nun begann, sich in aller Seelenruhe zu putzen. Dieses kleine Wesen war ein Botschafter der Lebensfreude und hatte mich in diesem Moment nicht als Bedrohung, sondern als Freund wahrgenommen. Wir standen wohl einige Minuten so innig, als ein herannahender Hundebesitzer durch sein lautes, erstauntes Rufen angesichts des ihm dargebotenen Bildes das Eichhörnchen aufschreckte und es in Windeseile auf dem nächsten Baum verschwand.

Diese Begegnung und diese selbstverständliche Vertrautheit mit dem Eichhörnchen berührten mich so tief im Herzen, dass das Schwert der Klarheit mit nur einem Hieb die noch restlichen Nebelschwaden im Bruchteil einer Sekunde entfernen konnte. Es spielt keine Rolle, ob ich mich auf den Hawaii-Inseln, irgendwo in Europa oder auf einem anderen Kontinent befand – ich konnte mich bewusst für das Energiefeld von Lemurien und somit für das Energiefeld von Aloha entscheiden und es gleichzeitig stabilisieren. Das also hatte Aurel gemeint. Jeder Ort, an dem wir uns befinden, ist exakt zu dieser Zeit gut und richtig, um zu wirken. Wir erschaffen unsere Wirklichkeit, indem wir unser Energiefeld ausdehnen, mit dem Gefühl der Liebe, dem Gefühl des Friedens oder dem Gefühl der Harmonie.

Übung

Zentriere dich, indem du all deine Chakren verbindest. Atme weißes Licht ein, lasse es in all deine Zellen strömen, und stelle dir vor, dass alte verbrauchte Energie ausgeatmet wird. Erinnere dich an eine Situation, in der du tiefe Liebe empfunden hast, da die Liebe die stärkste Energieform ist. Erinnere dich an dieses Gefühl der Liebe und dehne es mit jedem Atemzug weiter aus, immer weiter und weiter. Bis du wahrnehmen kannst, dass dieses Gefühl der Liebe ganz groß und kräftig geworden ist und sich weit über deinen Körper hinaus ausgedehnt hat. Gleichzeitig kannst du wahrnehmen, wie dieses kräftige Energiefeld deinen Körper sanft umhüllt. Stelle dir vor, wie du eingehüllt in dieses große, sanfte Energiefeld auf andere Menschen und Tiere oder andere Wesen triffst und sie sanft berührst. Kannst du dir vorstellen, dass du durch dein stabiles Energiefeld eine Stabilisierung und Anhebung des Energiefeldes anderer Menschen bewirken kannst? Dies ist eine schöne Technik, um kleine, alltägliche Wunder zu erschaffen.

Die dichten Nebelschwaden der letzten Wochen waren gänzlich verschwunden, die Klarheit und die Stimme meiner Intuition hatten wieder ihren vertrauten Raum eingenommen. So übte ich mich im Stabilisieren und Ausdehnen der unterschiedlichen Energiefelder und erfreute mich an den großen und kleinen Wundern des Alltags.

Reinigung für Mutter Erde

Wann immer es die Zeit zuließ, verbrachte ich diese mit meinem treuen Begleiter Aurel und lauschte den Botschaften der Tiere und der Natur. Eine leise Vorahnung, dass der nächste

größere Prozess bereits in Gang gesetzt worden war, sollte sich bald bewahrheiten. Immer öfter vernahm ich die Stimme von Mutter Erde. Sie erlebte einen intensiven, oftmals auch sehr schmerzvollen Reinigungsprozess, der sich durch Erdbeben, Überschwemmungen und andere Naturkatastrophen entlud. Auf den Hawaii-Inseln hatte ich viele Reinigungszeremonien mit der Unterstützung von Aurel durchgeführt. Doch hier in Deutschland kannte ich mehrere Menschen, die sowohl die Qualifikation als auch das Bewusstsein hatten, um Mutter Erde bei ihren Reinigungsprozessen tatkräftig zu unterstützen. Natürlich geht es auch darum, dass jeder Mensch sich wieder an seine Fähigkeiten erinnert und sich bewusst als Kanal für die Engel zur Verfügung stellt, damit die hohen Energien der Engel direkt auf die Erde gebracht werden können. Teilweise sind die Energien der Engel so hoch und feinstofflich, dass sie die bewusst als Kanal *(Channel)* wirkenden Menschen um Unterstützung als Transformatoren bitten. Wir alle kennen die Situation, in der wir fasziniert den oftmals so treffenden Worten eines oder mehrerer Channelmedien lauschen. Channeln bedeutet, sich als Kanal zur Verfügung zu stellen und den Botschaften der Engel oder anderer feinstofflicher Wesen zu lauschen und diese weiterzugeben. Jeder Mensch, der sich bewusst dafür entscheidet und sich vertrauensvoll öffnet, ist in der Lage, die Botschaften der Engel, der Tiere, der Pflanzen und der feinstofflichen Wesen über die Intuition, die Stimme des Herzens, wahrzunehmen.

Aurel freute sich sehr, als ich mich mit Magdalena und Sabrina zu einem unterstützenden Reinigungsritual für Mutter

Erde verabredete. Es waren noch fünf Tage bis zum Vollmond, und zudem eine äußerst günstige Zeit, um Zeitreisen zu unternehmen. Aurel überraschte uns mit der Botschaft, diese Reise sollte uns zu den Pyramiden nach Gizeh führen. Die Pyramiden spielen eine große, sehr wichtige Rolle in dem bevorstehenden Aufstiegsprozess der Erde und somit auch für alle Wesen, die in und auf der Erde leben. Das alte, noch nicht entschlüsselte Wissen und die hochentwickelte Technik, die bereits vor langer Zeit in den Pyramiden verankert wurde, wird sich der Menschheit erst eröffnen, wenn die Erde ein bestimmtes Energielevel erreicht hat. Das Gesetz der Polarität hat im Laufe der Jahrtausende einen dicken Kokon dichter Energie auch um diesen hochschwingenden Ort errichtet.

Magdalena, Sabrina und ich hatten uns für den Vorabend des Vollmondes verabredet. Nach einem Reinigungsritual führte uns die Reise mit der Unterstützung Aurels durch den Zeitkorridor direkt auf die Spitze der Chephren-Pyramide. Der untere Teil der Pyramide war dunkel und von sehr dichter Energie umgeben. Ein breiter, goldener Energiestrahl schoss aus der Erde, durch die Spitze der Pyramide und reinigte uns noch einmal, bevor wir eingelassen wurden.

Die Wächter der Pyramide, der heiligen Bereiche und der Lichterstadt gaben sich zu erkennen und prüften, ob wir in reiner Absicht kamen. Je tiefer wir in die Pyramide glitten, desto mehr strahlte sie nach außen. Vor den heiligen Hallen trennten sich unsere Wege. Aurel schob mich sanft tiefer in die Erde hinein, auf einen sehr schmalen, kaum mehr wahrnehmbaren Lichtweg. Plötzlich wusste ich, warum diese Zeitreise uns hierher geführt hatte. Die Kanäle der Erde waren durch die dichten Energien völlig verstopft und verursachten

Mutter Erde teilweise große Schmerzen. Wir reinigten die Kanäle von den zähen, fast klebrigen energetischen Schlacken und konnten zusehen, wie sich das goldene Licht in den freigewordenen Kanälen ausdehnte, um dann mit hoher Geschwindigkeit an die Erdoberfläche emporzuschießen.

Diese Kanäle dienen auch als Transportwege in die Galaxien. Nachdem wir unendlich viele Kanäle gereinigt hatten, durchlebten Magdalena, Sabrina und ich diesen intensiven Reinigungsprozess noch einmal im eigenen Körper. Es war, als ob eine feste, zähe Masse durch die feinen Kanäle unserer Körper gedrückt würde. Diese energetischen Schlacken wurden durch unsere Körper nach oben gepresst, um letztendlich, begleitet durch laute Schreie, aus den Fingerspitzen und aus dem Scheitelchakra austreten zu können. Noch etwas benommen, trafen sich unsere Blicke. Magdalena schüttelte den Kopf und sagte: Mein Gott, was haben wir Menschen der Erde nur angetan.

Die letzten abendlichen Sonnenstrahlen erleuchteten den Raum und tauchten unsere Gesichter in goldfarbenes Licht. Wir kannten uns schon seit den Zeiten Lemuriens und haben uns bewusst in dieser Inkarnation wiedergetroffen, um gemeinsam zu wirken. Jede von uns wusste, wie wichtig es ist, gemeinschaftlich in dieser Zeit zu wirken. So saßen wir noch lange zusammen und verzehrten die vielen Leckereien, die wir mitgebracht hatten. Seit vielen Wochen erlebte ich endlich wieder, dass Aurel in diese herrliche Verzückung geriet. Auch Magdalena und ich fanden es köstlich, Sabrina zuzusehen, wie sie sich nach den Feigen, dem Granatapfel, den eingelegten Tomaten, dem Dinkelbrot und dem Käse nochmals über die Feigen hermachte, um sich dann genüsslich die Finger abzulecken.

Magdalena fragte mich nach meinen Erlebnissen auf den Hawaii-Inseln. Je tiefer wir in die Erzählungen eintauchten, desto deutlicher wurde, wie intensiv wir alle miteinander verbunden waren. Im Laufe der Erzählungen leuchtete Aurels Aura ab und zu in diesem vertrauten, schönen Rosa auf. Als ich von meiner Begegnung mit Doreen und von der Erinnerung an den Trennungsschmerz erzählte, bekamen Magdalenas Augen einen traurigen Glanz, und über Sabrinas rote Wangen kullerten dicke Tränen. Auch sie erinnerten sich an diesen weit zurückliegenden Trennungsschmerz, der immer wieder verdrängt wurde und doch insgeheim die leise Hoffnung aufflackern ließ, dass irgendwann das männliche Gegenstück tatsächlich auftauchen würde.

In der darauffolgenden Vollmondnacht träumte ich von der Begegnung mit den Menehune und dem Geschenk, das

sie mir übergeben hatten. Kwa'He überreichte mir ein zweites Mal das Herz der Menehune, welches aus zwei Steinhälften zusammengesetzt war. Seine Worte: Füge die Teile zusammen!, waren eingebettet in den harmonischen Klang eines Muschelhorns. Sie ließen mich in der Nacht und auch am darauffolgenden Tagen nicht mehr los. Unter all den Dingen, die es in diesen Tagen zu erledigen gab, blitzte in den unterschiedlichsten Varianten immer wieder die Polarität auf; ob es die bevorstehende Scheidung eines befreundeten Ehepaares war, das sich auseinander gelebt hatte, oder der Raubbau von Rohstoffen in und auf unserer Mutter Erde oder die unerbittlichen Kämpfe im Nahen Osten oder einfach nur die Verkrustungen der Herzen so vieler Menschen.

Botschafter aus der Tierwelt

Es waren so viele Gedanken, die kreuz und quer durch meinen Kopf schossen. Kurzerhand schnappte ich mein Fahrrad und steuerte meine Lieblingsstrecke im Stadtwald an, um mir den Wind um die Nase wehen zu lassen und die vielen Gedanken zu ordnen. Es war ein wunderschöner Herbsttag. Die bunten Blätter tanzten im Wind, um sich dann durch das Herabfallen wieder in den natürlichen Kreislauf des Lebens einzureihen. Vor mir spielten zwei weiße Schmetterlinge unbekümmert in der Sonne. Seit den Erinnerungen und den Erlebnissen auf Hawaii war es mir wieder möglich geworden, das Energiefeld anderer Wesen ganz deutlich zu fühlen. Das Energiefeld der Schmetterlinge war so erfrischend und herrlich befreiend. Der Schmetterling ist ein Botschafter des Lichts und kündigt eine Metamorphose an. Glücklich über das mir dargebotene Spiel der Schmetterlinge und dieses unbeschreibliche befreiende Gefühl ließ ich mich von dem Energiefeld der Schmetterlinge berühren. Bilder eines Adlers, der seine Kreise weit über hohes Gebirge zog, tauchten vor meinem inneren Auge auf und ein unendliches Gefühl von Freiheit und Kraft durchflutete meinen ganzen Körper. Ein sanfter Windhauch ließ meinen Blick nach oben schweifen, und ich sah einen Bussard mit weit ausgebreiteten Schwingen weniger als zwei Meter über meinem Kopf auftauchen, der dann vor mir her glitt.

Der Bussard verbindet die Elemente Luft und Erde. Er symbolisiert die Macht der Gedanken und des Geistes und erinnert uns daran, den Horizont zu erweitern, um mehr Verantwortung für einen größeren Bereich des Lebens zu

übernehmen und mit dem Blick aus höherer Perspektive alte Kräfte aufzulösen und neue Energien einfließen zu lassen. Tief berührt von dieser Begegnung mit dem Bussard fuhr ich auf direktem Weg nach Hause und suchte den Stein, den Doreen mir gegeben hatte. Endlich war ich bereit, mit all dem, was mir zur Verfügung stand, die alten Kräfte des Trennungsschmerzes aufzulösen. Doreen sprach von einem geeigneten Ort, und der konnte nur mein Heilzentrum sein, in dem schon viele Heilsitzungen und spirituelle Seminare stattgefunden hatten. In Windeseile packte ich noch einige Dinge ein und fuhr ins Zentrum, das inmitten eines Industriegebietes lag. Da es sich im obersten Stockwerk befand, war es dem Himmel nah und durch die umliegenden Energien auch gut geerdet.

Heilung durch Vergebung, Dankbarkeit und Liebe

Aurels Aura leuchtete in einem so intensiven Rot, wie ich es zuvor noch nie bei ihm gesehen hatte. Seine Vorfreude auf das, was geschehen würde, war deutlich spürbar. In der Mitte des Raumes befand sich eine große, goldene Lichtsäule, die ich bereits beim Einzug in dieses Heilzentrum errichtet hatte und die es zu einem wunderbaren Ort für sämtliche energetische Rituale machte. Der Duft des Rosenweihrauchs erfüllte den Raum auf eine sanfte, fast zärtliche Weise. Im Hintergrund lief die CD mit den Wal- und Delfingesängen, die ich

aus Hawaii mitgebracht hatte und die immer wieder eine schnelle Verbindung zu Lemurien herstellte.

Beim Eintreten in die Lichtsäule ergoss sich das goldene Licht durch das Scheitelchakra in meinen Körper und erfüllte jede einzelne Zelle mit goldenem Licht. Aurel stand mir gegenüber, und zwischen uns stellten sich die Elohims des weißen, des gelben, des blauen, des grünen, des violetten und des rosa Strahls, die ich zuvor um Unterstützung gebeten hatte, kreisförmig auf. Ich hielt den Stein der Erinnerung in der Hand, und dann erschien in unserer Mitte, zuerst schwach, dann immer deutlicher, das Bild von dem geschwächten Lemurien zu der Zeit, als die Männer uns gewaltsam entrissen wurden. Durch die Klänge der Wale und Delfine schob sich ein dunkler, kräftiger und zugleich sanfter Ton in den Vordergrund. Der immer lauter werdende Ton vibrierte inmitten des Kreises. Es war der Ton der Vergebung, der sich ausdehnte, und dieses Bild des Schmerzes, das sich immer weiter nach oben schob – auch des Schmerzes, den Frauen und Männer sich über die Jahrtausende hinweg gegenseitig zugefügt hatten. Die Vergebung war sehr präsent, als der Ton höher wurde. Der Ton der Dankbarkeit hatte nun den Raum eingenommen und dehnte sich aus; Dankbarkeit für all das, was wir durch diesen Schmerz lernen durften.

Dieser Ton vibrierte einige Zeit lang, bis die Dankbarkeit tatsächlich den Raum erfüllen konnte und das Bild weiter nach oben stieg. Das Bild befand sich nun ungefähr auf der Höhe meines Herzchakras, als der hohe Ton erklang und die unbeschreiblich kraftvolle Liebesenergie einfließen konnte. Jeder Elohim hatte seinen Lichtstrahl in die Mitte des Bildes gesendet, das nun hell strahlend in alle Regenbogenfarben getaucht aufleuchtete. Die drei einzelnen Töne erklangen nun zusammen, bildeten eine Einheit und veränderten das Bild. Alle Frauen und Mädchen standen mit weit geöffnetem Herzchakra am Strand und begrüßten voller Freude die auf den Rücken der Delfine zurückkehrenden Männer. Welch großer Segen, diesen Akkord der drei Töne zu fühlen und erleben zu dürfen, welch große Transformation durch Vergebung, Dankbarkeit und Liebe wahrhaftig möglich wird. Völlig ergriffen von diesem wundervollen Ereignis spürte ich, wie die Klänge in meinem Herz tanzten und zu einer Melodie wurden, und so das Lied »Vergebung und Liebe« entstand.

Der heilige Raum

Obwohl ich inmitten einer großen Vorbereitungsphase für ein spirituelles Festival steckte, schweiften meine Gedanken immer wieder zu diesem unbeschreiblichen Erlebnis mit den Elohims zurück. Aurel schmunzelte, als er mich mit den Worten: Füge die Teile zusammen!, an meine Aufgabe erinnerte und noch ergänzend hinzufügte: Die Heilung beginnt in dir selbst. Als ob Aurel damit eine Endlosschleife aktiviert hätte, wiederholten sich die Worte »in dir selbst« immer und immer wieder. Als mir dann noch ganz zufällig eine Kartoffel in Herzform direkt auf die Füße fiel, entstand in mir der Satz: Ich habe die Absicht, meinen Partner, mein männliches Gegenstück, jetzt in mein Leben zu ziehen. Dieser tief aus dem Herzen gesprochene Satz bewirkt oftmals kleine Wunder. Durch die klar formulierte und ausgesprochene Absicht fühlt sich

die geistige Welt aufgefordert, unterstützend zu wirken. Mein lieber, treuer Aurel war sofort zur Stelle, um mich in einen Raum zu führen, der tief verborgen in mir selbst lag. Nicht ahnend, was mich hier erwarten würde, öffnete sich ein Raum – ein Energiefeld, auch Garten der Seele genannt. Hier begegnete mir mein Krafttier, meine Innere Führung, meine persönliche Engelsgruppe und so vieles mehr, was mir sehr vertraut vorkam. Doch Aurel hatte mich aus einem ganz bestimmten Grund hierher geführt. Dieser Raum enthielt alle Antworten auf meine Fragen, und wann immer es notwendig war, konnte ich mich hierher zurückziehen, um wieder in die Klarheit einzutauchen. Aurel wusste nur zu genau, welche Frage mich aktuell beschäftigte, und deutete auf einen von wilden, roten und angenehm duftenden Rosen umrankten Torbogen. Langsam schritt ich hindurch, entdeckte einige Meter entfernt einen großen, stattlichen Mann, der auf einer schmalen Bank aus Marmor saß. Es schien, als ob er auf jemanden warten würde. Plötzlich wandte er den Kopf in meine Richtung und riss erstaunt die Augen auf.

Dieser kleine Funke Traurigkeit, der anfangs noch wahrnehmbar war, verschwand im Bruchteil einer Sekunde und wich einem Strahlen, das sich über sein ganzes Gesicht ausbreitete. Sein Körper richtete sich auf, er erhob sich von der Bank und kam mit langsamen Schritten und diesem strahlenden, vertrauten Lächeln auf mich zu.

Das Bild verblasste, und ich fand mich, mit der herzförmigen Kartoffel in der Hand, wieder in meiner Küche. Aurel hatte mir mit dieser Reise in mein tiefstes Inneres ein wunderbares Geschenk gemacht; auch im Hinblick darauf, dass ich jederzeit wieder diese Innenschau erleben konnte.

Doch noch etwas hatte diese Innenschau bewirkt: Die Bereitschaft, den nächsten Schritt zu machen. Aus der Mitte meines Herzen verleihe ich jetzt meiner Absicht Ausdruck, den Partner in mein Leben zu ziehen, der mich rundum glücklich macht und den ich rundum glücklich mache, ließ ich mit klarer, kraftvoller Stimme nochmals verlauten und vertraute darauf, dass Aurel und die geistige Welt ihr Möglichstes zum Gelingen beitragen würden.

Übung

Bereite den Raum, in dem du dich befindest, entsprechend vor: mit Räucherwerk, sanfter Musik, Kerzen und allem, was dir persönlich wichtig ist. Bitte deinen Schutzengel, dich in dein tiefstes Inneres, den heiligen Raum, das Energiefeld, den Garten deiner Seele, oder wie immer du es nennen möchtest, zu begleiten. Atme in einem Rhythmus, der dich mit jedem Atemzug immer tiefer in die Entspannung führt, damit du die Bilder und Botschaften klar und deutlich wahrnehmen kannst.

Dein Engel nimmt dich zärtlich an der Hand und betritt mit dir gemeinsam deinen heiligen Raum. Sieh ganz genau hin, in welches Licht dieses Energiefeld getaucht ist. Kannst Du Landschaften wahrnehmen, einen Wald, einen Garten oder etwas anderes? Erkennst du Wesen, die sich in diesem Energiefeld bewegen und dir eine Botschaft überbringen möchten? Du kannst dieses Energiefeld einfach nur fühlen und genießen, oder tauchen eventuell einige Fragen auf, die du stellen möchtest? Stelle deine Fragen und achte darauf, welche Bilder dir gezeigt werden. Oftmals enthalten die Bilder bereits die Antworten. Du spürst, wann die Zeit gekommen ist, wieder zurückzukehren. Bedanke dich bei all den Wesen für die Botschaften und für ihre Begleitung. Jederzeit kannst du dieses Energiefeld aufsuchen, doch tue dies immer in Begleitung deines Schutzengels.

Das Wiedersehen

Die Fahrt zu dem spirituellen Festival nach Süddeutschland stand kurz bevor. Auch dieses Mal hatte ich als Ausstellerin einen Stand gemietet, um meine Produkte anzubieten. Mit einer neuen CD und hochenergetischen Gesichtscremes war meine Produktpalette wieder um einiges gewachsen. Auch Aurel freute sich auf dieses Festival, denn mit allergrößter Wahrscheinlichkeit traf er dort wieder viele Menschen, die ihn bewusst wahrnehmen konnten.

Schon beim Aufbau erklang aus allen Richtungen aufgeregtes, freudiges Hallo. Menschen aus allen Ländern fielen sich strahlend in die Arme und begrüßten sich liebevoll, wie in einer großen Familie. Viele vertraute Gesichter tauchten auf, um auch mich zu begrüßen. Manche mit Blick auf Aurel und einem liebevollen Nicken, vor allem jene, die sich auch in den

Rückblick und in die Erinnerung an die Zeiten Lemuriens begeben hatten. Doch es gab auch viele neue Gesichter, die wohl von der hohen Liebesschwingung, dem aktuellen Thema des Festivals, magisch angezogen wurden.

Die Stunden verstrichen wie im Flug. Viele unterschiedliche Menschen kamen zu mir an den Stand, um sich über die von mir gechannelten Melodien ihres Ursprungsnamens zu erkundigen. Gern erklärte ich ihnen, welche Wirkung die Töne oder bestimmte Tonfolgen und Melodien auf ihren Körper und somit auch auf ihre Leben erzielte und warum jeder Mensch aufgrund seiner ureigenen Schwingung eine ganz spezielle Melodie besitzt. Inmitten der Beratungsgespräche fiel mir ein Mann auf, der immer wieder an meinem Stand vorbeilief. Dieses klare Gefühl, ihn von irgendwo her zu kennen, verstärkte sich zusehends, als er auch am zweiten Tag immer wieder auftauchte. Schließlich ging es bei diesem Festival darum, sich nach langer Zeit wieder zu begegnen. Aurel schien die Begegnungen sehr zu genießen, denn nur ab und zu sah ich seine rote Energiewolke aufleuchten, und schon war ich wieder voller Freude in die nächsten Beratungsgespräche eingetaucht. Völlig überraschend stand dieser Mann plötzlich am Stand und hielt meinen Flyer in der Hand, direkt dahinter Aurel mit einem breiten Grinsen. Etwas verwirrt beantwortete ich zuerst die drängelnde Frage einer Kundin und wandte mich dann dem Mann zu, um ihn zu fragen, ob ich ihm weiterhelfen könnte. Im Bruchteil einer Sekunde legte er den Flyer zurück, drehte sich um und lief weg. Meine unausgesprochenen Worte blieben mir im Halse stecken. Schade, warum spricht er nicht mit mir, dachte ich, und widmete mich wieder achselzuckend den interessierten Fragen.

Um das Festival schön ausklingen zu lassen, sollte am letzten Abend ein gemeinsames gemütlichen Abendessen mit zwei Freundinnen in unserem Hotel stattfinden. Wir plauderten über all das Geschehene, über die schönen Energien, die wunderbaren Begegnungen und über all das, was wir an herrlichen Erlebnissen und Eindrücken mit nach Hause nehmen konnten. Ich erzählte von Aurel, der sich in diesen Tagen nur ab und zu gezeigt hatte und anscheinend mit viel Spaß unterwegs war. Meine Freundinnen berichteten von einer neuen Bekanntschaft, ein Mann aus dem Norden, der sich wie ein edler Ritter verhielt. So genossen wir zusammen einen lustigen, beschwingten Abend und beschlossen, den kommenden Tag mit einem gemeinsamen Frühstück zu beginnen.

Als ich den Raum betrat, saßen meine Freundinnen bereits am reichlich gedeckten Frühstückstisch. Ihnen gegenüber, mit dem Rücken zur Tür, saß ein großer Mann. Mit einem freudigen »guten Morgen« trat ich an den Tisch und sah in das ziemlich erstaunte Gesicht des Mannes. Ach, das ist jetzt aber lustig, sagte ich und setzte mich schmunzelnd direkt neben ihn. Das war also der edle Ritter, von dem mir am Vorabend erzählt wurde und der drei Tage bewusst an meinem Stand vorbeigelaufen war, ohne mit mir zu sprechen. Wieder war diese Vertrautheit und gleichzeitig auch eine starke Unsicherheit spürbar. Eine besondere Anziehung, die durch ein schrilles Telefonläuten jäh unterbrochen wurde. Rafael, so hatte er sich vorgestellt, ergriff nach wenigen Minuten die Möglichkeit zur Flucht. Da er einige Tage zum Skifahren wollte, rief ich ihm noch hinterher: Fahr doch bitte ein paar Kurven für mich mit. Dieser Satz sollte ihn in den nächsten zwei Wochen noch oft beschäftigen. Erstaunt darüber, dass wir einen edlen Ritter in die Flucht geschlagen hatten, machten wir uns auf den Heimweg. Aber mich erstaunte auch die Vertrautheit und die Anziehungskraft, die so deutlich spürbar waren. Nach einigen Tagen tauchte Aurel wieder auf. Als ich ihn fragte, was er von dieser Begegnung hielte, sagte er nur: Alles hat seine Zeit. Dann hüllte er sich wieder in Schweigen. Ab und zu dachte ich noch an die Begegnung mit Rafael, dem edlen Ritter. Einmal hatte ich das Gefühl, auf Skiern zu stehen und eine herrlich verschneite Piste herunterzufahren. Ein leichtes Lächeln huschte über mein Gesicht, als ich mich fragte, ob Rafael wohl gerade die gewünschten Kurven fuhr.

Metamorphose

Fleißig channelte ich die in Auftrag gegebenen Melodien, als nach ungefähr zwei Wochen eine E-Mail von Rafael eintraf. Es folgten viele intensive, oft stundenlange Telefonate bis tief in die Nacht. Es war, als ob etwas zurückgekehrt wäre, auf das ich sehr lange gewartet hatte. Rafael verriet mir, dass es ihm genauso erging. Meine Erzählungen aus Lemurien verschlang er förmlich, nur ab und zu erinnerte er sich an ergänzende Sequenzen, die das Bild vervollständigten.

Wir hatten uns erst vier Wochen zuvor kennengelernt, oder besser gesagt: wiedergetroffen, und nun verabredeten wir uns zum dritten Mal. Die Sonne ging schon unter, als wir mit den

Fahrrädern an einem wunderschönen, im Abendlicht glitzernden See anhielten, um von dort den richtigen Weg nach Hause einzuschlagen. Rafael sagte: Wir müssen nach Osten, und wollte geradewegs in Richtung untergehende Sonne weiterfahren. Siron, du hast schon immer Osten mit Westen verwechselt, erwiderte ich lachend. Rafael drehte sich erschrocken um, stolperte in meine Richtung, verlor das Gleichgewicht und riss mich wie in Zeitlupe zu Boden.

Hoch oben zogen Schwalben ihre Kreise. Ich muss dir jetzt eine Frage stellen, die mich schon seit Tagen beschäftigt, stammelte Rafael. In mir ist eine ganz laute Stimme, die darauf drängt, es jetzt zu tun, und du musst auch nicht darauf antworten. Willst du mich heiraten?, sprudelten die Worte aus ihm heraus. Ein »Äh« war das Einzige, was ich in der ersten Sekunde über die Lippen brachte. Ich sah Rafael an, der immer noch auf mir lag. Sah über seinem Kopf die Schwalben fleißig ihre Kreise ziehen. Hinter ihm tauchte Aurel mit einem breiten Lächeln auf. In diesem Moment wusste ich: Rafael ist der Mann, den ich in meinem heiligen Raum gesehen hatte, er ist Siron, der mir damals in Lemurien von den dunklen Schatten gewaltsam entrissen wurde. Auch die Bilder der Vergebungszeremonie tauchten wieder auf: wie die Frauen mit geöffnetem Herzchakra die zurückkehrenden Männer empfingen.

Eigentlich lag mir ein cooler Spruch auf den Lippen, hörte ich mich sagen und spürte, wie sich mein Herzchakra weiter ausdehnte. Und doch gibt es jetzt nur eine einzige wahre Aussage: Ja, ich möchte dich heiraten.

Von weit her glaubte ich, den Klang eines Muschelhorns zu hören. Ob Traum oder Realität – wir sind in jedem Moment unseres Lebens in der Lage, unsere Realität selbst zu erschaffen; das hatte ich nun wahrhaftig begriffen. In der Nacht träumte ich wieder vom Herz der Menehune und den zwei Steinhälften und sah, dass die Steinhälften bereits ein Stück weit miteinander verschmolzen waren.

Lasse deine Seele berühren

Lasse deine Flügel wachsen

Und erschaffe deine Wirklichkeit

Aloha

Mahalo Nui Loa

Mahalo nui loa vielen Dank

Mahalo an Adamea und Rina Atara – für die intensive Unterstützung dabei, die Erinnerung an mein lemurisches Wissen und Wirken in die Jetztzeit zu integrieren.

Mahalo an Aida – für den Impuls, meine Erlebnisse in Form eines Buches zu veröffentlichen.

Mahalo an Jeanne Ruland – die mich unermüdlich und liebevoll dabei unterstützt hat, meine Talente dem großen Ganzen zur Verfügung zu stellen, nicht zuletzt durch ihre wundervollen einleitenden Worte. Aus ihrem großartigen Buch »Krafttiere« stammen die Botschaften und Bedeutungen der Tiere, die unseren Weg auf den Hawaii-Inseln begleitet haben. Bezaubernd zum Nachschlagen sind ihr Aloha-Jahreskalender und das Aloha-Kartenset.

Mahalo an all die Menschen, die in irgendeiner Weise an der Veröffentlichung dieses Buches und der CD mitgewirkt haben, welche der gedruckten Ausgabe als Bonus beiliegt.

Mahalo an meinen treuen Reisebegleiter Aurel, der in jeder Situation für mich da war.

Christel Alisha van der Walle ist seit über 20 Jahren als Fotografin tätig. Bereits in ihrer Kindheit im Schwarzwald wurde sie mit der Gabe des Hellfühlens konfrontiert. Durch diese Gabe öffnen sich ihr oftmals Tore zu einer anderen Welt, einer Welt, die nur mit der Sprache des Herzens kommuniziert. Ihre Vision ist es, die Menschen im Herzen zu berühren, damit sie sich wieder an das alte Wissen erinnern. So wirkt sie seit vielen Jahren im Bewusstsein ihrer Fähigkeiten als Fotografin, Heilerin und Gesangsmedium.

www.finkbeiner-fotografie.de
www.paua-zentrum.de

Pari Laskaridis
MANTRAS
Worte aus der Quelle der Kraft und Heilung

Auch als eBook

128 Farbseiten, Hardcover mit Fotos und CD
Amra Verlag, € 19,95 [D]

ISBN 978-3-95447-042-6

Wie finde ich mein persönliches Mantra? Es gibt sie nicht nur im Buddhismus und Hinduismus, sondern auch im Islam, Judentum und Christentum. Das gesammelte Wissen des Mantra-Sängers!

Gary R. Renard
DEINE UNSTERBLICHE REALITÄT
Wie wir durch wahre Vergebung unsere Welt neu gestalten

320 Seiten, Hardcover, dunkelrotes Leseband
Amra Verlag, € 22,95 [D]

Auch als eBook

ISBN 978-3-95447-193-5

Wie können wir unsere Realität frei und positiv gestalten? Durch eine Art Quantenvergebung. Sie ermöglicht einen neuen Umgang mit der Welt, außerhalb des Kreislaufs von Schuld und Sühne.

Kabir Jaffe & Ritama Davidson
DEINE ENERGIE IN AKTION!
»Energy Balancing« fürs tägliche Leben

Auch als eBook

304 dreifarbige Seiten, Großformat, reich illustriert
Amra Verlag, € 29,95 [D]

ISBN 978-3-939373-85-8

Energie ist im Spiel bei jedem Gedanken, jeder Handlung und jedem Austausch mit anderen. Wie schützen wir uns? Und wie können wir dadurch besser leben? Ein einzigartiger Ratgeber!

Buchauszüge, Trailer und Hörproben auf www.AmraVerlag.de